老いの生き方
楽しみ方48話

至福老境実現ヒント集

作家・社会教育家・講演会講師
宇佐美　覚了

高齢化時代です。
老人の一人になった私の老いた今の心境をまとめました。
赤裸々な私の毎日の体験的な生活実感です。
老いの人生を楽しみましょう。

はじめに

私は現在、人生の最終コーナーの人生旅をしています。長いようで短い人生旅です。

若いころとは異なる人生風景の旅を楽しんでいます。

老いた私の現在の心境と、感じる人生の風景を私なりにまとめたのが本書の内容です。

第一部で、私の誕生から現在までの生きてきた実録をまとめました。人生経験、その間の各種の思考体験が、私の現在の生き方や人生観の確立につながっているからです。

第二部で、老人になった現在の日常で感じとっている、きもちの風景を48話としてまとめてみました。若いころ感じていなかった人生風景がきっと数多くあるはずです。

私は現在、老いの人生を楽しんでいます。ありがたいことです。感謝して生活しています。

高齢化社会になりました。老人の方はもちろん、若い方もいずれは高齢になられます。

老いの人生をどう楽しく、幸せに、充実させて生きるかは万人の共通の人生テーマです。

私は老いの人生に関する著書の出版を願っていました。この私の願いを受けいれて出版の機会をあたえてくださった浪速社と、親切なご指導をいただいた同社の杉田宗詞氏に心からお礼を申し上げたいと思います。

二〇一九年四月

宇佐美 覚了

目次——老いの生き方楽しみ方48話

—至福老境実現ヒント集—

第一部

私の感謝いっぱいの人生実録

私の感謝いっぱいの人生実録

・始めあれば終りがある

始めあれば終りがあるのが自然の流れです。人生も誕生があり、死去があるのは当然のことです。

私は現在、八十路の人生旅を歩いています。老いの旅路も青天の日もあれば、雨天の日もあり、時には猛吹雪で歩行困難になる日さえあります。私は生誕からこれまで八十年以上の人生旅も同じです。どの年代、時期も一喜一憂の連続でした。誰もが程度や内容の差異はあっても経験しあじあうことです。

超未熟児で誕生した私は長くは生き続けられないと、親や医師は悩み苦しみました。戦中・戦後の激動期であり、世の中が衣食住が不十分であり、医療環境が劣悪でした。

特に片田舎の生活でしたから、医師は老人一人でした。良い医薬品はありません。頼りになるのは両親の巨大な慈愛と、家族全員の愛と協力でした。幸せに私は慈愛や協力の力に支えられて、死線をさまよう危機から脱出できました。

小学時代も虚弱児でした。通学するだけで体力が消耗し、他の子供たちと元気でとびまわり遊べませんでした。親も勉強するように強要しませんでした。健康が最優先の親の考えでした。

中学一年の時に、腹膜炎と肺炎を同時に発病したのです。明日は生存していない危険の連続だったのです。死の恐怖を連日連夜あじわっていました。

大病により、私は義務教育の中学を四年間、通学しました。一年の留年により中学一年を二度にわたり体験しました。死の恐怖との辛いたたかい、同年配の者より一年おくれて人生をあゆむという悲しい体験でした。

・負の人生体験

誕生から中学まで、辛く悲しい生活が続きましたが、負の人生体験が、実は私の人生を育てる原動力に転化する重要な力になったのです。

健康が人生開拓で最も重要と認識し、健康管理と増進に配慮しました。その後、八十代の現在まで、病気らしい状況になることなく生活させてもらっています。感謝の毎日です。


負の体験によるもう一つの収穫は、時間管理が上達したことです。一日二十四時間は万人に公平に与えられています。大切なことはどう効果的に公平な時間を有効利用するかです。中学・高校・大学も自分なりに一応は納得できる学習成果につながりました。浪人もなく生活できました。

学習もその時、その時に、可能な限り集中して対応する心構えと習慣づけです。


この集中する対応は社会人になってからも役立ちました。「あなたは仕事がはやいですね」と、しばしば言われ、評価されました。

負の辛く悲しい体験から得た三つ目の収穫は、何ごとも、無駄なことはなさそうです。前向きにプラス思考で生き続けていると、負に思える体験も、いつか大きな力となって、大きく人生を広げてくれる要因になるという経験になります。ピンチに強い人間に成長して前進しうるのです。

超未熟児での誕生、死線をさまよう大病、義務教育での留年が、私にとって大きな学習の機会となり、その後、今まで、私に生きぬく力をあたえてくれたと思っています。

望まぬことも、与えられた苦難も受けとめて、それを良縁に転化して人生をきりひらく覚悟こそ大切に老いた今も思っています。

・片田舎で生きる力をつける

私の年齢の人間は、特に田舎では大学進学はまれな状態でした。都会の大学に下宿して進学するのは親不孝なことでした。事実、私の村では、これまで大学進学者は一人もいませんでした。

私は高校三年生になり、畳に頭をつけて、自活して大学に行くという条件で、大学受験を遠慮しながら、親の顔を下から心配しながら懇願しました。しばらく考え込んでいた両親が、受験を認めてくれました。

その時、親の方から自活の条件は口にしませんでした。貧しい家庭状況と、兄や姉も大学を卒業していません。私だけが大学に進学できました。私としては自活するのは当然と心にきめていました。

大学時代の四年間に、家庭教師をはじめ、飲食店、スーパーなどで働いたり、街道で宣伝用のチラシ配布もしました。サングラスをかけ広告版もからだの前後にぶら下げて歩くサンドイッチマンもやりました。

大学の授業が終わったら自活するための資金かせぎです。アルバイトを遅くまでしているために市電が利用できないこともありました。歩いて夜中に下宿まで帰ることもありました。

自活して大学を卒業すると決意したことは、成人後の自分の人生開拓において、おおいに役立ち、ありがたいことでした。

大学のキャンパスでは、教授や学友の皆さんから、多くの教えや刺激をうけました。片田舎に生れ育った私には生きる力をつける栄養となりました。授業後から深夜までの学費と生活費かせぎで、実学の社会勉強をさせていただきました。

実学で学習したことは、労働して人間は生きぬくことが原則であることです。大学を卒業したが働く意欲がなく親にすがりついて家でぶらぶらしている人もいます。働く意欲があれば、支援者があらわれることも体験しました。

入学直後に資金を得る働き場がみつからず空腹状態で苦闘していました。明日から生活費をどうしようと悩みながら、下宿に向かって夜道を歩いていました。

目の前に立派な家がありました。窓越しにみえる室内はシャンデリアが輝き、幸せそうな家族の顔がありました。

私はいつのまにか、その家の玄関のチャイムをおしていました。しばらくすると奥様が私の前に立っておられました。

私は自分の写真入りの学生証をさしだし、「私は入学したばかりの田舎者の苦学生です。授業後、生活費と学費を得るために仕事をさがしていました。成果がありませんでした。いま空腹です。今夜の一度だけ無料で夕食をさせて下さい」と頭をふかくさげお願いしました。

奥様とご主人が私の前に立たれて、「中に入りなさい。腹いっぱい夕食をしなさい」と受けいれてくださったのです。小学生の男の子が、突然に大学生の珍客が食事で、おかわりをくりかえして食事をする私の姿に驚いていました。

食後、ご主人と奥様に、ご好意に対してなんども感謝の気持ちを伝えました。

私はお願いの提案をしました。「お子様がよろしければ、今晩だけ勉強のお手伝いをさせて下さい」、「私が今できる私の感謝の気持ちの表現です」と話してみました。「君の気持ちも大切ですから、そのようにしましょう」とご主人と奥様の快諾をえました。

小学生の勉強が終わり玄関で、お礼を伝えました。すると、ご主人と奥様が笑顔で私に話されたのです。「今度は私たちからのお願いです。息子の家庭教師になって下さい。報酬は世間の相場の二倍です。勉強を教えてくださるのと、苦労して学ぶ姿勢を直接に見せていただくのがふくまれています。交通費を支払います。勉強に来られた夜の夕食は腹いっぱい食べて下さい」と笑顔で言われました。

次の日から週二回、家庭教師をさせていただいたのです。他の家庭教師に負けないように熱心に真面目に小学生に向き合いました。すると、私の生き方や生活態度に納得されてか、次々と家庭教師先を紹介していただきました。

私は学び体験しました。真面目に、誠心誠意いつも努力を続ければ、支援を受けることもあり、人間は気分よく楽しく生きられる可能性があることを知りました。

たとえ能力があっても、社会や他者をうらぎる言動をすると人生の道がせばまることも想像できました。

・不思議な体験

縁は不思議なものだという体験をしました。結婚に関する体験です。三十歳近くになり真剣に結婚を考えていました。喫茶店でコーヒーを飲みながら雑談を楽しむ程度の女性はいましたが、女性友達の意識でした。幾人かの女性を紹介され、お見合いをしました。十数回のお見合いをしたのです。条件など私にはもったいないくらいの女性もおられましたが、どうしてか結婚する気がわきおこってきませんでした。

ある日、突然、今日お見合いしてみませんかと提案をいただきました。女性も急に見合いの話しになり、普段着のまま、化粧時間も充分になく初対面となりました。

お見合いの場で顔をあわせた瞬間、この女性は私の結婚する人だと直感しました。学歴、家族、年齢など各種の情報は何も知りませんでした。

この女性が私の妻になる人だと確信に近い気持ちになりました。その後、交際を続けるごとに、私の最初の確信はより強くなりました。

女性の方も、私と同じ直観をしたようです。私は中学時代に日記を書いていました。成人したら、このような女性と結婚したいと書いたことがあります。その時に書いた内容がお見合いの女性とそっくりでした。

縁とは不思議です。結婚の縁も不思議です。ありがたいことに、良好な夫婦を今まで続けてこれました。恵まれた二人の息子の前で、夫婦の口論の場面を見せたことはありませんでした。

人生は計画どおり、計算どおりいくものではありません。縁を大切にして、可能な限り努力して良縁に育てていきたいものです。

結婚、夫婦生活は人生における縁の重要さについて、考えさせてもらう機会になったのです。

・青少年育成の仕事へ

社会人になったら、自分の努力で生計をたてていかなければなりません。就職先をみつけて、一応は安定した経済生活をしなくてはなりません。

私は海外貿易の仕事で生計をたてたいと思い三社の貿易関係の民間会社を受験しました。三次試験までいった会社もありましたが、見事に不合格でした。私に実力がなかったのです。学校や会社の試験で不合格になると、失敗したと自己弁明する人がいます。

私に関しては、やはり実力がなかったのです。明確に自分に不充分なところがあったことを認めないと、新しい挑戦がはじまりませんでした。

ありがたいことに、一部上場の製造会社の海外貿易部門に就職が決定しました。三年余り貿易業に取り組んでいる間に、日本の現在や将来像を、日に日に真剣に考えるようになったのです。

日本は小さな国で天然資源に乏しく、資源大国と比較して、きわめて不利な条件下にあることを、海外貿易の仕事を通して実感しました。

しかし、ありがたいことに、天然資源で不利であっても、学校教育制度が確立し、勤勉で労働意識の高い多くの国民がいることも事実でした。

私は結婚を決意し、結婚日や式場も決定しているのに、日本の輝く未来をになう青少年育成の教育の仕事したくなりました。

私は幾日も、私の仕事をかえたいという気持ちをどう伝えるか悩みました。結婚する女性や家族への急な裏切りと失望につながると、自分の罪の深さに心をいためました。

私は在学中、教育に関心がなく、ただ海外貿易に心が集中し、教職に関する免許証を取得していませんでした。

私の大学での専攻は英語学でしたから、教職につくなら英語教員の免許になります。教育の仕事につこうとしても免許証がありません。

免許を取得するための英語に関する条件は、英語学を専攻したうえで、さらに、教員心理学など広く教職員になるための条件をそなえていることでした。

しかし大学の通信教育で確実に取得可能だとわかっていました。従って、中学や高校の英語教員になる基礎資格を得る自信はありました。現実に、たとえ免許証を得たとしても、就職できる学校にたどりつける保証は皆無にちかい状態です。そのような実情のなかで結婚式がちかづいていたのです。

私は思いきって、結婚予定の女性と親に、転職の願望を免許がなく就職校もない実情を伝えました。

立腹され、破談になる心配をして、おそるおそる話しました。すると、親も女性も平然と、理解し了承していただきました。

私の決意は、その時いっそう強固になりました。かならず免許を取得し、就職校をきめて、青少年育成の情熱いっぱいの教育者なり、結婚する女性と親を安心させるとかたく決心しました。

私は翌年四月に、有名進学高校の英語教師になり、熱血教師の一人になっていました。

・人生の岐路に立つ

私は体験しました。人生の岐路に立ったとき、慎重によく考えぬくことがまず大切ですが、最後は自分の可能性を信じて、決断し実行することだと思います。考え悩んでいるだけでは人生はひらけないのです。

私は六十歳の定年まで、大学進学を希望する高校生と接し、その後の十年間は講師として充実した教師生活をおくりました。

結婚した女性と楽しく幸せな生活を続けることができ、感謝いっぱいの人生です。

有名進学高の教師になった時に、一つの私なりの決意をしました。将来をになう青少年の育成のために教育の仕事をめざしたのですから、一人の地方の高校教員の活動でおわりたくなかったのです。

そこで、三つの活動をすることにしました。一つは、教育に関する執筆活動をして、私の著書を出版することでした。

二つ目は、全国展開で私の自宅の電話を利用して、悩み苦しむ青少年や保護者の教育相談にのることです。

三つ目は、長期の休暇中に希望のある地域に行き教育講演活動をすることです。三つの活動の全てが教育に関するものです。電話教育相談は無料で、教育講演活動は交通費と宿泊費をいただく程度でした。社会奉仕精神でした。

この三つの活動は八十代の今も、年齢により体力の弱まりと共に縮小していますが、継続しています。

・最近の十五年間の活動
最近の十五年間は刑務所の受刑者の更生と社会復帰の手助けをするために、法務省委嘱の篤志面接委員を喜んで続けさせてもらっています。

この仕事も広い意味で教育活動です。受刑者の皆さんの生き方を向上させていただくための人生観などに関する話をする機会をもらっています。

情操教育の一つとして受刑者の方の俳句をつくる手助けをしています。

現在、私は高齢になり在宅している日が多くなりましたが、執筆活動はかなり精力的に続けています。著書は二十余冊になり、新聞や雑談への執筆もしています。

知人・友人の多くは、時間がありすぎて困っている。テレビが友達となげいています。私はありがったいことに、やる事、やりたいことが多くあります。公的には、定年を二十年以上前にむかえましたが、私的には、私の定年は今のところありません。

私は六十歳の定年をむかえた時に、これからは世界の平和、人々の平安のために、私で出来ることを実践しようと心にきめました。

朝五時に起床し、近くの神社・仏閣をまわり、平和・平安を祈願して、ミニお遍路をするのです。妻と愛犬二頭も、このお遍路に同行します。私と妻の運動にもなります。愛犬の散歩にもなります。良いことばかりです。

夕方も別のコースでミニお遍路です。一日一万歩ちかくの運動になります。

もう一つのささやかな実践です。高齢になると遠方への旅行もなくなり、飲食する量も少なくなります。旅行、飲食にあてる金額の一部をユニセフとか、国境なき医師団などに、年間に何度か寄付をするのです。ほんの少しですが世界中の人々の平和・平安・幸福に役立てば、私も幸せです。幸せを独占する心を弱めると、幸せが強まりそうです。

誰にでも実践できそうで、手軽に出来ることがあります。日常生活で、笑顔とやさしい言葉づかいを心がけることです。

路上で出あう友人に、笑顔で挨拶をします。知人が散策中の愛犬にも、笑顔で、話しかけます。すると犬も尾をふってくれます。私も犬も幸せです。同じ地球上で生活する私たちは、争いを少なくして、互いに幸せ度を増やしたいものです。

・毎日の生活に充実感

私は八十三歳になり、同年齢の知人が認知症になりました。私は心配になり、総合病院に行き、認知症の可能性の有無の検査を受けました。

現状の脳の働きは六十歳代の結果と報告されました。公的な定年後も、かなり意欲的に楽しく充実した生活を続けている成果の一つなのでしょうと医師から言われました。

歩く速度がおそくなっていることは自覚していますが、脳の働き、思考の回転が自覚するほどに低下している気はありません。日常生活に特に不便を感じる頭の働きではありません。毎日の生活が老いていても楽しく幸せです。

私自身が、毎日の生活に充実感、幸せ感を強めている発想があります。それは祖先や親の生活を継承して、今まちがいなく私が生存している現実を認識することです。

祖先や親のない人間はいません。例えば二十五代にさかのぼって祖先の数を計算すると、三千三百五十五万人をこえるそうです。私は計算能力がありませんので、この数字は確実だと断言はできませんが、厖大な数であることには確かです。

私の体内に、この無数に近い祖先の生命が流れこんで、私を慈愛の心で支えてもらっていると考えると、ありがたいことです。

私は孤独ではありません。無限の支援者と共に、日夜いつも生活させてもらっています。私の体内に宿っている支援してくださる親や祖先を悲しませることは罪悪です。

少しでも喜んでいただける言動をして毎日の生活をしたいと考えるのです。

・先祖の慈愛を実感

体内に宿る親や祖先の慈愛を私なりに実感した体験があります。

妻が難病になり有名病院をまわり治療したことがありました。医師たちは異口同音に決定的な治療法なしと断言されました。

私は病院にかよい妻の身体に私の手をあて、妻の両親や祖先に、どうか妻の難病を完治させてくださいと念じ続けました。

すると私たちにとって不思議で奇跡的なことがおこりました。妻の病気が急速に完治したのです。

担当の医師や医療関係者が驚きの声をあげてくださったのです。どうして完治したのか不明と口をそろえて言われました。

私は毎日、二十四時間、年中いつも無数の慈愛いっぱいの支援者に支えられて生活していると考えると、幸せになります。

長年、会っていなかった人に出会うと、ほとんど例外なく、私の顔の老化が進んでいないことに気づき驚きの声をあげられます。

この原因は私のものの見方や考え方、さらに日常の生き方が少しは原因になっていると私なりに考えています。

・人生百年時代へ

世間で、人生百年時代に突入するとよく言われます。平均的寿命が長くなっても限度があります。生物である人間は誕生があれば死去があります。当然のことです。

老いの人生を幸せにする一つの最大の条件は、可能な限り死を恐れない心境でいることです。

むしろ、慈愛いっぱいの親や祖先に再開できるのだと楽しみにさえ考えたいのです。私は息子たちに、お父さんとお母さんに対し、必要以上の延命治療をしないように、日頃ことあるごとに伝えています。

私たち本人が意識なく、自己の意思を伝えられなくなった時、息子や担当の医師の方が悩まれないように、直筆で必要以上の延命治療おことわりの宣言書を残してあります。

若いころは死の恐怖感が強かったように記憶していますが、年齢を重ねる度に、恐怖感がしだいにうすくなってきました。誕生があれば死去も当然と論理的に納得していることがあるのでしょう。

さらに、無数の人たちに支えられ、私なりに人生を高齢まであゆみ続けられた満足感もあるかもしれません。

残された人生を私なりに充実させ、幸せに楽しく送りたいと願っています。さらに、少しでも世の幸せのために私なりの貢献ができればとも念じています。

第二部

老人になった今の心境48話

第二部の48話全タイトルの内容を鮮明にするために、
五・七・五の韻を踏んだ文にしました。

1　なつかしい　苦楽体験　みな宝

長い人生で誰でも、程度と内容はの差異はあっても、かならず苦楽の体験があります。人生山あり谷ありです。

自分の生命を失いそうになる大病をすることもあります。私の人生においても中学卒業の年齢までは、生まれてから、常にこの苦しみをあじわってきました。

小・中時代に、哲学・宗教・医学に強い関心をもっていました。健康に恵まれた子供には、とうていまずありえない強い関心でした。

闘病中、枕の近くに、哲学や宗教書などをつみあげて読んでいました。内容が難解で読みこなす能力は当然ありませんでした。それでも自分の苦悩解決を願って真剣に読みました。健康体の同年齢の子供がマンガ本に熱中していた小学・中学時代のことです。

娯楽や、時間つぶし、親などから強要される等による読書ではありません。悩み解決、苦しみからの脱出を願っての読書でしたから、今おもえば、ありがたい読書体験でした。

何ごとにおいても、必要にせまられて、真剣にうちこんだことは、自分にとって、自分育てに役だちます。

人生とは、生命とは、幸せとは等、人生の開拓に考えさせられることについて、若い子供の時に思い考える習慣がついたのは、私にとって幸せもとでした。

苦しいことも、楽しいことも、みな人間にとって必要不可欠な体験で、みなどれも人生の宝になるのだと、老いて強く感じるようになっています。

苦しいこと、楽しいこと、全て後になってみれば、なつかしい体験で人生の宝になっています。

2　全身に　祖先の慈愛　充満す

親や祖先のいない人間は一人もいません。両親の遺伝子が私の体内にあります。両親もまた両親があります。

無限にちかい人たちの遺伝子の流れが、私の体内にあることは事実です。誰一人として疑いない現実です。

親は子供の幸せを願い、祖先は子孫の幸せを願っています。従って、私の体の中には、親・祖先の無数の幸せを願う、慈愛の心が充満しているのです。

私は老いに従って、親・祖先の私の幸せを願う慈愛が、私の全身に流れていることを日夜、実感するようになりました。

私は常に支えられ、声援をおくられていることを感じて生活しています。

私は決して孤独な人間ではないのです。無数の支援者に支えられているのです。

私は起床する時に、体内の支援者に感謝の言葉をなげかけ、就寝の時も感謝して、みたされ、幸せ感をもって、夢路につきます。

私は末席ながら仏教徒です。毎朝、仏壇の前に静座し、今はこの世にいない両親や無数の先祖の人たちに感謝の合掌をしています。短い時間ですが読経もします。

私の心身にエネルギーがわきおこってくる感じがします。私は無限の体内の支援者によって支えられていると実感するからです。

私は一人で決して孤独では常にないのです。老いると、孤独感に支配され、さみしいと言う友人、知人に会います。

しかし万人の心身には無限の先祖の慈愛が充満しているのが現実です。このことは忘れてはいけない大切なことだと日頃から考えています。

3　毎日が　生涯一度　誕生日

誕生日は一生に一度です。これは当然の一般的な通念です。それでも、私は老いるにつれて、あえて、誕生日は毎日あるように思い感じるようになってきています。

一日二十四時間、いつも同条件です。私が若い時も、老いた今日も一日二十四時間です。

しかし、同じ二十四時間も、私自身が感じる時間感覚は同じではありません。

年齢により、その時の生活内容により、時間に対する濃度は差異があります。個人差もあるでしょうが、私は最近、一日がはやくすぎるように感じています。

体調や気分により一日に感じる内容がちがいます。毎日の生活感は一律不変では決してないのです。

生涯まったく同じ日が一日もありえないのです。

一生に一度きりの毎日の貴重な生活です。だからこそ、毎日に感謝して、大切に毎日の二十四時間を活用しなくてはなりません。

従って、毎日が生涯一度の誕生日として生活したいと念ずるように、老いた今は強く感じています。

私は朝、今日も誕生日を迎えられたことに感謝して合掌をする習慣になりました。

私は時々、座右の銘を色紙に書いてほしいと依頼されることがあります。私は「毎日誕生、一日一生」と書いて、依頼された方にお渡しをしています。毎日がまったく同じ内容の日ではないのです。毎日は一生に一度の素晴らしい日です。毎朝、生涯に一度の新鮮なありがたい誕生の日です。毎日を感謝して大切に生きたいものです。

4　ふりかえる　我が言動の　恥ずかしさ

私は自分の最終時期になった今、つくづく恥ずかしく、申し訳なく反省している言動があります。

それは、お世話になり、私を支えて下さった恩人にたいして、心からの感謝の言動をしてこなかったことです。

感謝の言動をすべき恩人の数は数えきれなく多いのです。

今はこの世にいない両親に対して、心の底からの感謝の言動をしていません。毎日、今は亡き両親の写真にむかい、少しの時間、感謝の気持ちを伝える程度です。

小学校から大学まで数多くの先生にお世話になっています。今では、先生の名前すら覚えていない方も多いのです。卒業する時に、卒業後も一度も感謝の気持を伝えていないで今に至っている先生達も数えきれません。

大学時代、苦学生だった私は数多くの方たちから何かとお世話になりました。

経済的に苦労していると、下宿の管理人から、他の大学生に対して、親戚の学生という口実で、家族あつかいの下宿学生でした。

同じ管理人の経営する下宿生活でしたが、私だけ特別あつかいの下宿学生でした。就職先が決定しても報告せず、卒業式を終えても、正式に心から感謝の気持ちを伝えませんでした。

さすがに卒業して、私の非礼に気づき、ささやかな手土産を持って、卒業後の日常生活の報告をしに元の下宿先に行った程度でした。

各方面で、お世話になった方は数多いのですが、ほとんど他界されています。生死や生活されている住所が不明です。

感謝の言動は、その時に、その場所で、しっかりとすべきだったのです。老いた今になって恥ずかしく、申し訳なく思うことが多すぎます。

老いた現在の生活のなかで、今すぐに感謝すべきことは、今日のことは今日、しっかりと感謝したいと考えています。

5　なつかしい　昔の友は　今どこに

定年退職した頃は、小・中・高・大と、それぞれ、頻繁に同窓会開催の案内状がきていました。しかし、八十歳代になると、案内状がまったくこなくなりました。

私は、小学校から大学まで、学校の所在地と、かなり離れた距離で生活していますので昔の同窓生と会うことは皆無にちかい状態です。さみしく思うことがあります。

時には、病気入院、死亡などの風の便りにふれることもありますが確かな情報ではありません。ほとんどのなつかしい昔の友には再会できないでしょう。

そのことを考えると、昔の友はなつかしさが増してきます。これが老いの人生の現実の風景なのでしょう。お互いに、共に昔の友の名前を忘れさってしまうのも、また現実の老いの姿なのです。

6　親の恩　はかりしれない　てんこもり

私の親は、私に勉強しなさい、将来の自分の人生について常によく考えて生活しなさい等といった指示・要求・命令に類する言葉を私に一度もしませんでした。

私流に「親」の漢字の示す意味につて考えたことがあります。「親は木の上に立って子供より高い展望から、慈愛の心で子供の成長を支えて見ている」これが親の立場であると思っています。

私の親の子育ての姿勢や方法は、まさに、慈愛の子育てでした。子供の言動を日夜厳しく監視し口うるさく注文をだすタイプの親ではなかったのです。

遠くから静かに慈愛の心でみつめてくれていました。私はのびのびと私の判断で、勉強や遊びもしていたのです。

しかし、基本的に親や家族に迷惑がかからないように、出来れば親・家族を安心させ、喜ばす結果につながればと願って言動していました。

私の親は純粋な仏教徒でした。私が学校から家に帰ると、お墓の前で合掌して、何か話しかけていました。

私は陰に身をかくして、親の言動を見つめていました。私の名前を呼び、「どうか暖かく息子の成長を見守っていてください」と、墓前のご先祖さまに合掌して話しかけていたのです。

私が大学生の時です。

年に数回程度、家に帰っていました。親・家族に、元気で通学していることを見てもらうためです。

下宿に帰る日、遠い私鉄の乗車駅まで田舎の田の中の道を歩きました。

私の姿が見えなくなるまで、両親は手をふり見おくってくれていました。

私も時々、ふりかえり手をふりました。その時間は五十分くらいの長さでした。

私は両親から愛され、期待されていると実感し、胸があつくなりました。

親の心をうらぎらないように、勉学にはげもうと決意するのですが、次の日には、申し訳なくも決意は薄らいでいるのが常でした。

今、私は、私にはもったいないくらい慈愛いっぱいの両親に育てられたと感謝しています。私に対する両親の慈愛はてんこもりでした。

私が親になった時の子育ての方法は、私が受けた方法とよく似ていたと思います。昔から「子育ては自分が育てられたようにする」と言われることがあります。

私たち夫婦は二人の息子に恵まれました。二人とも国立大を卒業し、大学院は国立と公立を終了しましたが、勉強を強要されたことはなかったと言っています。学習塾、予備校には一日も行きませんでした。学習は学校と自宅だけでした。

そのかわり、興味を示したことは、積極的に挑戦させる機会をあたえました。自ら学びたいことをやらせる主義で子育てをしたのです。当時まだ一般化していないパソコンも自学独習させる等もしたのです。

私自身も学びたいように学びました。

7　思い出は　全て最後は　素晴らしい

小学生時代、終戦直前に学校帰りの田舎道を一人で私は歩いていました。すると、はるか前方に米軍の戦闘機があらわれました。みるみる私の方に高速で近づいてきました。

私は驚いて草むらに、とびこみ身をかくしました。低空飛行していた米軍機は、私の姿を見うしなって、去って行きました。

やれやれと安心して歩いていると、背後から私を追いかけてきて、銃を乱射してきました。また草むらにとびこみ難をのがれました。

終戦が近くなると、日本軍の戦闘能力が極度に弱まっていることがわかり、米軍の飛行士の顔が見えるくらいに低空飛行が常態化していたのです。

当時の小学生は軍国青年になる予備少年でしたから、米軍を強く恨んでいました。

終戦になりました。進駐してきた米軍の兵士が私の小さな田舎の村にもやってきました。また銃を乱射するのではと恐れていました。しかし私の接した兵士は皆やさしく笑顔でした。私にチョコレートやガムをくれました。

私は同じ米軍なのかと思いました。戦争になり国と国と戦っている時と、終戦になり平和になった時とは、すっかり変化していたのです。同じ人間でも、これほどに態度、行動が激変するのかと、驚きました。やはり、戦争はおろかで、平和は素晴らしいと実体験をしました。

私が中学生になり、英語を真剣に学びたいと思うようになった直接の原因は、戦争体験です。

人間同士が、笑顔で話し合う重要さを実感したからです。大学の専攻分野として、英語をえらんだのは、この銃とチョコレートの米兵との関係でした。

大学卒業後、この英語を活用して、海外貿易に従事したり、中高校生に世界共通語の役割をはたす英語を学び教える仕事につきました。私の社会人の仕事に、常に英語はついてまわりました。

私が英語に関心をもち、大学の専攻を英語にして、生涯の仕事に英語が関連したのは、その出発点に米兵から銃の乱射をうけたことに起因しています。

小学生の時に、銃の乱射をうけたことは、あってほしくない体験でした。しかし、その恐ろしい、さけたい体験も、後になってみれば素晴らしくありがたいことになりました。

思い出の中には、楽しいこと、幸せなことがある一方に、いやなこと、不幸なこともあります。

私の今の心境では、プラス思考で生きぬく心がけでいることもありますが、想い出は、全て、素晴らしい結果にどこかでつながっていると実感して、感謝しています。マイナス思考でいると、いつまでたっても幸せな状況に突入できそうに思えません。

8　苦楽して　人生旅を　楽しもう

楽しく幸せに生きぬきたいと願う心は誰にも程度の差はあっても存在するのは当然です。

しかし、人生旅は、かならず、苦と楽はつきものです。

実は、苦楽は一体ではないかとさえ思います。「苦」は、くるしい、にがい、つらい等の意味があります。「楽」は、たのしい、このむ、ねがう等の意味があります。「苦楽一体」は、くるしく、つらいことは、実はたのしく、ねがうことになります。

私は大学生の頃に、「苦楽一体」に思える素晴らしい体験を少しはしたことが、幸せでした。苦学生だった私は、生活費と大学での勉学費を自分で稼ぎださなくてはなりませんでした。

大学での授業を終えると、すぐに深夜までアルバイト生活でした。大学生活をエンジョイする時間も心の余裕もありませんでした。学業に関する勉強は、授業に集中し、日曜日などアルバイト時間外の少しの間に、下宿でする程度でした。

アルバイトも何種類を並行してやっていたのです。多少は蓄えておかないと、病気などをして仕事ができなくなると、たちまち生活も学業も続けられなくなる心配があったからです。

奨学金を利用することをすすめてくださった方もありました。奨学生にならないで、アルバイトをする決心は不動でした。

その理由は三つありました。借金をしない、可能な限り他者に頼らずに自活する、苦楽を同時に味わうの三つの理由でした。

苦と楽を別々と考えずに、「苦楽一体」の生活体験の追求でした。苦しいことが大きければ、その苦しさにつづいて楽も大きいことを実体験しました。

富裕家族で生活している友人の大学生のなかに、留年をくりかえす者もいたのです。知人の大学生は、大学を人生の遊び場の一部と考えているようにに思える人もいました。大学院までいき、一応は大学を出ましたが、親にしがみつき社会人になりきれない人もいたのです。働かない結婚もしない生活です。

私は大学の成績は満足のいく内容でありませんが、自活して都会生活をして、一応は大学を卒業できたという幸せ感がありました。卒業後、社会人として生きぬく自信らしきものを感じました。

苦楽して人生旅を楽しむ、実に心ゆたかで充実した人生旅だと思います。老いた今も、可能な限り、他者に依存する心をもたず、ゆったりと、さわやかに苦楽を受けいれ、老いの人生をあじわいたいと思っています。

子供たちには、必要以上の延命に心を悩まさなくてよいと伝えてあります。

「お父さんは、自分流に充実人生を追求し苦楽を共に楽しんで生活してきたので、死をそれほど心配していない。良い子供たち、妻に恵まれ、幸せ」とも、子供やその家族の前で伝えました。

9　故郷の　生活いまも　鮮明に

高校を卒業まで、生まれ故郷で、両親や二人の兄たちと生活していました。西の方角に山があり、東に大きな川がありました。大きな古い家が田畑に囲まれてあり、広い庭に松、杉、樟、柿などの大木が十本ちかく立っていました。

家はかなり老朽化し、鍵のない窓、出入り口でも、気にしないで生活をしていたのです。

小さな村落で、お互いに家族構成がわかっていて、顔みしりの人たちでした。近くの市町村ともはなれ孤立していたのです。顔をみたこともない人が村落で出あうことはめったにありません。

従って、外出するときも窓、戸も開け放し安心していました。年中、鍵がない部屋があちらこちらにあっても平気だったのです。

静かで、のどかで平和な村落で子供時代をおくりました。

戦中、戦後の貧しい時代で、購入した玩具は一つもありません。庭の小石や、木の枝で遊んでいました。

兄が知人から柴犬をもらってきました。耳は立ち、尾はきりっと巻いて私は、その犬が大好きになり、友達のように広い庭でとびまわり遊びました。

兎もいました。犬と兎は兄弟のように仲良しでした。子供時代に動物と接し、かわいがった経験のある人間は凶悪な人になる確率が極めて低いと聞いたことがあります。

私は、性格形成に、犬と兎が役だっていたのかもしれないと思うことがあります。

両親もおだやかでした。家族間で、口論したり、暴力行為があった経験はありません。村落も、家庭内も、おだやかで平和な状態でした。

私の現在までの人生の約四分の一がこの故郷での生活で、のびのびと、落ちついた環境の中で育ったことを、なつかしく、ありがたく思っています。故郷は今も鮮明に私の中でいきています。

10 老いにつれ　時間の流れ　変化する

定年になり、職場をはなれると、毎日が日曜日になる人がいます。起床時間も就寝時間も自由自在で毎日の生活リズムが一定しません。食事も適当にすます。

一日中、テレビが友達で外出はあまりしないで家に引きこもってしまう。このタイプの高齢者が多くあります。

毎日がひまで退屈と言われます。毎日が日曜日の生活が続くと、一日が長く感じ、時間の流れが遅く思えてきます。

一方、一日の時間管理が確立して生活している人は時間の流れが速く感じます。

時間管理ができていることは、一定期間でやりたいこと、一日の計画などがかなり綿密にできあがっています。従って退屈と思える時間が少ないのです。

私は後者のタイプの老いの生活をしています。やりたいことの内容はいくつかあります。

ボランティア活動・執筆・読書・旅行・家事手伝い・愛犬の世話・毎日のミニお遍路などがあります。

年に数回の一泊程度の小旅行以外は、ボランティア活動からミニお遍路まで毎日くみこまれ実践しています。

例えば、執筆は新聞原稿から新刊書などの準備です。家事手伝いは毎日の食材購入でスーパーなどに自転車をはしらせます。妻の手伝いもありますが、スーパーでの買い物は気分転換に役だちます。

久しぶりに、知人、友人に会うと「若い」とか「雰囲気が変わっていない」と、言われたりします。

これは、やる事が相当に多く、時間の流れを速く感じて毎日、生活しているからかもしれません。

高齢になると、時間の流れが遅く感じる人と、分かれるかもしれません。

若いころから、しっかり働いたから、定年後はゆっくり生きたいと考える人も、その人生観ですから納得できます。

私は、せっかく長生きさせてもらっているので、与えてもらっている生命を活用して可能な限り毎日を充実させたいタイプなのかもしれません。

私の高齢年代の人生は、「余生」ではなく「与生」です。あまりものの生ではなく、与えられた生です。「ヨセイ」と発音は同じですが、「余」ではなく「与」です。

どちらが良いかではなく、人生観のちがいだろうと思います。

病気、事故、天災などで生命を失う人も多いのです。そのなかで長く生きる機会にあい幸せです。私は子供のころに虚弱児で大病をくりかえし、死線をさまよいました。それだけに長く生きられたことがありがたいのです。

与生を大切にしたいと思っています。感謝を幾度も重ねても言いつくせなく、ありがたいことなのです。

11　少しでも　良い事をして　今日おえる

私は若いころに両親から、「奈良の内観道場で修行してほしい」と、懇願されたことがありました。私自身は、親不孝の言動をあまりした記憶はありませんでした。大病をしたり虚弱体質のために、健康面で長年にわたり心配をかけましたが、どうして精神や生き方に関する修行をやる事を懇願されるのか、最初はわかりませんでした。

それでも、常に慈愛いっぱいの親の懇願ですので、表面上は快諾して参加しました。

道場では、早朝から一日中、畳一枚程度の広さの場所に静かに座り、次の三点について過去の自分の生活実態をふりかえるのです。

一、お世話になったこと
二、迷惑をかけてこと
三、お返しをしたこと

両親、兄弟姉妹、友人、恩師、近所の人など、過去の生活で、私と直接関係した多くの人との人間生活について想いおこす修行です。トイレに行く以外は、その場をはなれられません。食事、就寝も同じ畳一枚の場所です。一ヵ月間、新聞、雑誌も読めません。ラジオもテレビもありません。ひたすら集中して内観する修行でした。

最初の二日くらいの間は、お世話になったこと、迷惑をかけたこと、についてあまり想い出せませんでした。しかし、一週間もすると、日増しに、お世話と迷惑を生まれてからかけ続けている自分の生きざまに気づいてくるのです。その気づきの量と質がふかまりました。

私は、多くの人達から恩恵を受けているにもかかわらず、感謝の心がうすく、罪深い生活態度であった自分が恥ずかしく、申し訳なくなりました。私は息苦しくなり、その場で泣きくずれました。私は救急車で病院に行きたくなりました。体を支えるのが苦しくつらくなっていました。

私は「ごめんなさい」と心の中で叫び続けながら、深呼吸をくりかえしました。すると、急に心身が軽くなり、幸せ感が充満してくるのを感じとりました。

私が内観修行を終え帰宅すると、妻や子供たちが、「顔つきがおだやかに、全身に躍動感が増した」と言いました。私も少しは、生き方とか、人間が変ったと、自分なりに感じました。

少しでも、良い事をして、世の中や、人々にお返しをしようと思うようになりました。

私は、年金生活をしている一老人です。経済力はありません。それでも質素な生活が心地よいタイプの人間です。衣食住で贅沢をしません。ユニセフ・国境なき医師団・被災地などに、年間で幾度か毎年かならず寄付をしてきました。

各種のボランティア活動をしたりもしています。毎日、朝夕の愛犬の散歩中に、道路の空き缶ひろいをしたり、ささやかな善行の真似ごとを心がけています。

毎日かならず、ささやかな心地よい事を実践して一日を終わり、感謝の合掌をして、深い気持ちのよい眠りにつきたいと考えています。

12　財産は　死の旅路には　役たたず

どれほど大富豪であっても、死をむかえあの世に旅だった時は、財力は役だちません。

この世にいる間は、確かに財力は魅力があり、役だったことが多くあります。

衣食住で贅沢もできます。世間ではよくお金の威力の話がでます。例えば、難関大学に合格する受験生の多くは富裕層の子供だと耳にします。

難関大学を卒業すると、知名度、学閥などにより、就職する時の条件が良くなります。就職後の道もひらけてきます。

従って、社会人になった後、生涯にわたり好条件のもとにおかれる確率が高まります。

結婚する時も難関大学卒の肩書が役だったこともありえます。

私は国際交流、民間外交に小さな貢献が出来ると考えて、在日外国人と会話したり、親切な手助けをしたりすることがあります。日本語を学びたい外国人に、無料で日本語学習の手伝いをする等もあります。

ほとんどの在日外国人の皆さんは、異口同音に、日本は住みよい国だと称賛します。国民が親切、国が安全、社会の安定などと住みよい理由をあげてくれます。

ある外国人は、親や家が財力がある者は、子供や、子孫まで幸せや権力を独占していると話しました。本人が努力しても、その努力に応じて報われないと、悲しそうに私に伝えました。

どの国も、完全に良い国とは言えません。それでも、日本は住み良い国の一であることは間違いありません。

私はこの世に生きている間に、財力に執着せずに、さわやかに、他者の幸せも考えて、平和に生きたいと考えています。

いくら財産を残しても、死ぬ時に、その財産をトラックに積みこんで、あの世に旅だてません。

死の旅路には、財産の多さは何の役にもたちません。むしろ子孫の争いのもとになるかもしれないと、心配にもなります。

高齢になると、財産が子孫の間での相続が争族の原因になることも心配になります。

私たち老夫婦は年に一度は、長男や次男の家族と近くの温泉旅行を楽しみます。

旅館で孫たちを別の部屋で遊ばせている間に、テーブルをかこんで、三家族が平和な家族会議をすることにしています。

内容は、わずかな財産を争族の原因にしないで、仲良く分けあうこと、死後は安心して死の旅路をするから、特に死後の私たちの状態を心配しないでよい等と笑顔で伝えます。

夕食は、三家族九名が楽しい会話をして、時をすごし、孫と温泉につかります。老後の人生は、豊かな財産はなくとも、さわやかに、楽しく、幸せでありたいものです。

13　願いたい　恒久平和　いつまでも

私は戦中、戦後の激動の時代に子供でした。グラマン戦闘機から、私めがけた銃の乱射を二度うけました。頭上を数個の銃弾がピュー、ピューと音を立て流れました。

食べものもなく、さつま芋が主食で、米粒を口にすることは贅沢なことでした。農家でない私の家族は、近くの空地を開墾し、カボチャ、トマト、キュウリ等を栽培し食料にしました。衣類は、ズボンのあちこちが破れていました。手作りのわら草履をはいて小学校に通学でした。

現在の小学生の生活とは比較にならず貧しい生活でした。

私の年代の人たちの子供時代は、つらく、悲しい子供が各地にいたのです。両親が戦争で死亡したり、家屋が米軍の爆弾や、焼夷弾で家が吹きとんだり、焼け落ちたりしている者もいたのです。

私の妻は、父親が民間の大型の船の船長をしていました。戦争の末期に、軍の命令で日本軍が外地で戦う軍事物資をはこんでいました。役割を終えて、妻子が待つ日本に帰る途中に米軍の襲撃に船は、大海の海の中に沈没したのです。

船長は船員の全員が生存しているのを確認するまで船から脱出できません。妻の父親は海底に帰らぬ人になったのです。妻は父親の顔を知りません。

さらに妻の子供時代に家は戦争で完全に焼失しました。妻と母親は父親をなくし、焼け野原に、茫然と立ちすくんだことでしょう。

私は妻と縁があり、結婚することになった時に、妻と、妻の母親を可能な限り幸せになってもらうために、私なりの努力をすることを決意しました。

私は養子ではありませんが、妻と私が、妻の家に同居することにしました。同じ敷地内に母親の家を新築し、母親のたてた家に私たち二人が住みました。二つの家は廊下でつなぎ、雨風の時も行き来が便利に出来るようにしました。新しく仏壇を購入し、妻の父親の位牌を安置し、毎日、妻の父親に三人が仲よく生活しますのでご安心くださいと合掌をはじめました。食事は、妻と母親と私が同じ食卓をかこみ、談笑して楽しくしました。妻の母親は、「私は何も不安はない、幸せです。私の財産は死後、あなたに全部あげる」と、妻の前で断言しました。妻は反論することなく、だまって聞いていました。私は「気持ちは充分に受けとりました。ありがとう。娘の財産ですから」と、感謝の気持ちを伝えながら、おことわりの意思を伝えました。

母親は九十六歳まで長寿し、おだやかな顔で、妻と私に見守られて他界の旅立ちをしてくれました。

私は戦争は、あってはならない。勝っても負けても、戦争で得る幸せは何もありません。長い地球の歴史において、戦争がたえないことは不幸きわまりないことです。

恒久平和を地球上の全ての人が、いつも希求し続けたいものです。老いにつれ、私たちの後世の者が幸せで、平和な生活をしてほしいと願っています。

14 どの人も　長所あるから　いかしたい

私は、「生存」と「生活」とは本質的にちがうと思います。この世に誕生したのであれば、やはり、「生活」する汗と涙の喜びを体験し、あじわいたいのです。

子供時代に、大病をくりかえし、死線を幾度もさまよっていた時に、誕生したからには人なみの人生を送りたいと念じました。

人間としての人生をおくるためには、まず「生存」しなくてはなりません。中学を終えるころまでは、私の願望は、まず生存でした。生命がなければ何もはじまりません。生命維持のために、病気克服、健康増進、体力増強が中学を終了するころまでの、私の人生開拓の大テーマでした。

義務教育を終える時期から、私の人生開拓の中心的テーマは「生活する」に変わってきました。

「生活する」は、生命を活用することです。生命の「生」と、活用の「活」

で「生活」になります。せっかく、いただいた生命です。この生命を善用して活用したいものです。

誰でも、長所と短所があります。何か、かならず長所があるものです。短所のない人はいない。

同じように長所もない人はいません。短所を気にしすぎないで、長所を発見し、伸ばし、自分のため、社会のために活用したいものだと思います。

私は野球、柔道が大好き人間です。

しかし残念ながら、私の健康状態や体力では、野球や柔道をやって楽しめません。百パーセント不可能です。ましてや、野球を職業として選び生計はたてられません。

私は、病弱だったので、外に出て遊びまわりができませんでした。

父親が本好き人間だったので、小・中時代から、大人の哲学・宗教・歴史などの本を、父親の本箱から借りだして、ひろい読みしていました。

内容がよく理解できませんが、活字を見ているだけで楽しさを感じました。本をとおして、世界中には各分野で偉大な人物がいることを知りました。

義務教育時代、病気などにより、まともに学校に行けず、授業も充分にうけられませんでした。

それでも、本を読んで、偉大な人物の存在をしり、その人たちが生命を活用して素晴らしい人生をおくられたことを知りました。

学校に満足に行っていなくても、私は本をとおして、巨大な刺激を受け続けていました。

何となく、人間は誰でも長所があるから、その長所をみつけて、伸ばせば楽しく、はりあいよく、社会貢献しながら生きられると、子供の頃から、読書をとおして感じとっていました。

私は短所が多い人間です。

しかし、私の長所らしきところは、とにかく、スタンドプレーをしないで、実直に、プラス思考で根気よく努力を続けることです。私は体力勝負は出来ません。頭脳明晰ではありません。

この実直、精進で私は生きてこられたように感じます。多くの人達から助けてもらいました。教えもうけました。

たいした各種の能力もなく、幸せに人生をおくってこられたのも多くの人達の支えによるものです。

感謝あるのみです。

老いの人生も私流に生き続けたいと念じています。

他者に対し感謝し、自分なりに出来ることで、社会貢献を続けたいと思っています。

広い世の中を見わたすと、素晴らしい長所をもち、長年にわたり努力して、大成功する人も多くおられます。そのような人の中に、人道に反する言動により大失態をされる人がおられます。残念で悲しいことです。

人生の最終コーナーを大切に生きたいものです。ゴール直前に転倒は悲しいです。

15　さわやかに　今日も生きたい　老いの今

波瀾万丈の人生というのがあります。長い生涯の中で、多少は変化があり起伏がある時期もあり得ます。

それも人生ですから、受け入れ、打開するために、挑戦も必要であり、大切です。

しかし、人生の最終コースになった高齢期に、波瀾多い生活はどうしても避けたいものです。体力、気力が弱まっています。静かに気らくに、一日を幸せな気分ですごしたいものです。

誰もが羨望する学歴、社会的地位、名声、資産などがありながら、晩年にみじめな不幸な生活に追いやられてしまうケースがあります。

その原因は、老いても財産、地位、名声などを貪欲に追い求めることです。

社会的なルール、法律を無視し、言動することにより人間としての評価をなくします。場合によっては、マスコミから批判され、有罪判決をうけることもあります。

高齢になるまで、あこがれの人物だった人間が晩年になって不幸な、肩身のせまい人生をおくらなければならない方も、いつの時代もおられます。

老いたら、これまでの人生をふりかえり、ゆっくりと、おだやかに、さわやかに、心の平静を保ちながら幸せに生きたいものです。

私は老いの人生を、気どらず、自然体で楽しみたいと願っています。天地自然、社会、家族などに感謝して、少欲知足の生活を楽しみたいと思っています。

この年齢になり、強欲の奴隷になり、人生の末期をけがし、不幸になりたくはありません。

私が不幸になることは、家族も不幸にしてしまいます。穏やかな顔つきで毎日の生活を楽しみたいものです。

16　笑顔にて　挨拶かわす　老人に

人間関係を良好にたもつ方法はコミュニケーションです。言葉による心の伝達です。笑顔は言葉の伝達力を高める強力な手段になります。

私は毎日、朝夕に愛犬の散歩、神社や仏閣への参拝、自分の運動をかねて、自宅の周辺を歩いています。

散策中、多くの人達に会います。顔をあわせた人に、笑顔で「おはようございます」「暑い日が続きますね」等と私の方から挨拶をするように心がけています。

すると、なかには無視される場合もありますが、笑顔なしで軽く挨拶されることもあります。

それがしだいにニッコリと笑顔になり、ていねいに挨拶をされる方がふえてきます。

ある時、駅のホームで電車を待っていると、笑顔で、「お出かけですか」

と親しそうに話しかけてこられた人がいました。私の知人でもなく、昔の職場の人でもなさそうです。

私は老化したから、痴呆症になったのではないかと心配になりました。二ヵ月ほど前に、認知症の検査を受けました。

その結果は、六十歳の頭脳の働きをしていると医師から言われたばかりでした。

まさか短期間に認知症になったとの思い当たることはありません。

ホームで雑談していると、散歩の時に、笑顔で挨拶したことのある人に気づきました。

また、ある時は、私の顔をみつけて、家族旅行のお土産と言って、お菓子をくださったこともありました。幾度となく、笑顔で挨拶した程度で、お名前も知りません。

農作業をされている方が畑から野菜を収穫して渡してくださることもあります。

パトロール中の警察官の方から、感謝の言葉をいただいたこともありました。防犯に協力している市民活動ということでした。

近所の人たち同士が、笑顔で挨拶を交わす地域は犯罪が少ないとの話でした。

かりに犯罪を考えている人間が機会をうかがっても、心をかよわせて協力しあっている雰囲気の地域は犯罪しにくいとの説明でした。

体力、経済力が弱まっても、笑顔と挨拶で少しでも社会を明るくし、社会貢献が出来るのであれば、うれしく、ありがたいことです。

笑顔と挨拶を忘れずに、実践できる老人でありたいと私は日頃から考えて実践しています。

17　若いころ　苦労したこと　今の幸

苦労すると、実質的で、現実的な生きる力がつきます。体力、教養は、生きる力とか生活力がつくのに重要でかかせぬ要素です。

しかし、その他にも重要な要素があります。計画性、気力、能率的な時間管理、忍耐力、誠実感、礼儀感ある態度などの向上です。

私は超未熟児で誕生し、中学時代の前半期は大病をくりかえして、幾度も死線をさまよいました。

それでも両親の慈愛、家族の献身的な支援によって、中学の後半期には、学校に休まずに通学できるようになりました。それでも体育の授業は見学でした。

私は必然的に、自立心が弱く、他者に依存する生活習慣がみについていたのです。

中学三年になると義務教育が終了します。高校進学、大学進学、就職、結婚など人生の自分の将来を真剣に考えるようになりました。

健康増進を積極的に考え、他者依存を脱却し、自立心を育てることに、自然と考えを変えることになったのです。

短期間で能率的に心を集中して勉学にとりくみはじめました。学校の授業中心の勉強でした。

家の中では読書中心で各分野の知識を学びました。それぞれの分野の偉人の存在を知り、大いなる刺激を受けました。

偉人たちは、計画性あり、忍耐力があり継続して努力していることも知りました。

親から勉強について意見されることもなく自分の考えた高校、大学に進学できました。大学生活は完全な自活でした。

授業はしっかり受講し、授業が終了すると、毎日、夜おそくまで大学と生活のための費用かせぎに集中しました。

就職し結婚する時には、ある程度の貯金もできていました。結婚式、新婚旅行や、当座の新生活の費用をのぞいて、残金はすべて、両親にプレゼントしました。

長年にわたり苦労して育ててもらったことに対してささやかな感謝の気持からでした。

両親は受けとれないと言いきりましたが、高齢になると、病気などでお金が必要になることもあるからと、無理やり受けとってもらいました。

私の周辺を見わたすと、大学や大学院を卒業しても、自立できない人もいます。

親べったりの支援を受け、大学などに行き、時には浪人、留年をして、やっと卒業したが、仕事をしなく、親にしがみついて生活されている方もいます。

若いころの苦労は、後の人生の幸せをよぶもとになると、強く感じている老いの今の人生生活です。

18　限りなく　恩恵うけて　合掌す

親しい医師と雑談の中で、人間の「いのち」の長さについての話題になりました。

「あなたは、あと何年いきたいですか」と医師に問われました。「何年、私はあまり関心がありません」と答えました。

すると医師の方は、「百二十歳までが統計上は限度でしょうね」と言われました。

私は笑顔で平然と、「私は永遠に生きます」と返事をしたのです。すると、医師の方は想定をこえた私の返事に、驚きと不信そうに私の顔をじっとみつめられました。

「どうして永遠に生きられるのでしょうか」と新しい問いかけをされました。「確かに私の身体がこの世に生存することに関しては命の長さは有限です。しかし、いのちは無限なのです」と、自信をもって答えました。

「何故でしょうかね」と医師は理解不能だと、顔つきが語っていました。私はまた笑顔で平然と答えました。「私の両親の肉体は今たしかに存在していません。

私の肉眼では今はっきりと見ることは不可能です。

しかし、両親のいのちは私の肉体の中に存在しています。

私の肉体の活動が停止しても、私のいのちは、子供、孫、子孫にと、永遠につながっていきます。医学的、理論的にも統計上も正しい現実だと思っています。

医師は、いのちの伝達、継承についての私の説明をうけて、笑顔になられました。「なるほど、確かです。疑えない事実です。よく理解できました」と、私に対する不信感は完全にきえさっていました。

私は老いるに従って、私の肉体の中には、両親をはじめ、無数の祖先のいのちが宿っています。

毎日、二十四時間中、くる日もくる日も慈愛いっぱいの心で私を支え、声援をおくってもらっています。

その慈愛の声援の声が私の心の耳に毎日きこえてきます。ありがたいことです。私は決して孤独ではありません。

毎日、朝夕に感謝の合掌をしています。感謝の合掌は、祖先はもちろんですが、私の日常生活を支えてもらっている全ての人達や存在に対しても合掌の心を大切にしています。

私は子供のころから両親に祖先を大切にし感謝して生活するように言われてきました。

高齢になるにつれて、親から教えられてきた意味がよく理解できるようになっています。

いのちのバトンタッチで、私たちは生き続けていることは確かな現実です。祖先の人達に喜びをあたえるような生き方を、私達はいま生きる人間は心がけなければなりません。同時に永遠に続く子孫の人達の良きモデルになる生き方になるように心しなくてはならないと強く思う高齢期の毎日です。

19 食べものの量がへりつつ味がます

私は子供のころから欲が少ない人間だったと思う。友人が自分より勝れた才能をもっていたり、良い結果を残しても、特に悔しいと思ったり、自信をなくすことも、なかったように思います。

他者と競争して、勝って優越感にひたったり、負けて劣等感で涙することもなかったように記憶しています。

他者に勝つ欲よりも、自分自身を何かの部分で成長させる喜びにひたる人間のタイプだったと思っています。

食べものも、グルメ志向で、美味しい食べものをさがしあるくタイプではありません。今ある食べものを味わって食べる喜びにひたる人間だったように思います。食べものがあるだけで幸せ、口にする食べものは基本的に何でも、いつもおいしいのです。

私は子供時代、戦中戦後の混乱期で、社会全体が食べものに困窮していました。

大学時代は自活を志ざし、一時期は乞食まがいの生活でした。食べものをやさしい人から恵んでもらって口に入れたこともありました。

私は結婚後、妻から食べものに対し、注文や不満の言葉を聞いたことがないと言われました。食べものがあり、口に入れるだけで幸せで、ありがたいのです。

今日現在、世界中には、食べものを探し求めておられる人が多いのです。

高齢化が進むにつれ、運動量がへり、体力が弱まり、口に入れる食べものの量が、しだいにへってきました。量が少なくなっても楽しみや幸せは、むしろ増している感すらします。

それは、食べる量の減少に逆比例して味わう楽しみと幸せが増加しているからです。食べものは、感謝して口にすると、ますます味がよくなるものです。

高齢化にともない、食べものの味が向上していることは、老いの幸せの一つでもあります。

20 極楽は　心の中に　ありそうだ

人間は誰でも肉体の活動が例外なく停止します。普通、一般に言われている死をむかえます。

そこで、人間の死後の世界に、「極楽」と、「地獄」があるのかが問題になります。安楽で心安らかな世界、苦痛にあうつらい世界の意味です。極楽と地獄では正反対の世界です。

二つの世界が実在するとするなら、全ての人は極楽に行きたいと願うのは自然の成り行きです。私も当然のこと、極楽を願います。

広い世界には、「妙好人」と広く称賛される人がおられます。謙虚、感謝の心をもって、自分の生きざまに、鋭い洞察をして、幸せな人生をおくっている人を妙好人と言われます。

数多い妙好人の中の一人に、浅原才市という名の方がおられました。

この才市さんは、「才市やどこにおる。浄土をもろうて娑婆におる」と、言われたことで有名です。浄土は、極楽浄土で「極楽」のことです。「娑婆」は誘惑、苦痛、束縛の多い人間界の意味です。娑婆は地獄よりましですが、それでも人間界は苦痛にみちています。

妙好人の才市氏は、苦痛の多い人間界に肉体は置いているが、心はすでに極楽浄土にて生活していると断言されたのです。

私はこれまで、極楽と地獄の存在の有無に若いころから心をうばわれてきたと感じます。

高齢の度を毎年ますにつれて、極楽浄土はこの世にあっても、心の中に実在しうると、感じるようになってきました。

苦痛にみちた人間界に生きている間に、極楽浄土の世界をのぞき見て、体感できる老人になりたいと願っている今日このごろです。

才市氏は、私のあこがれの人です。素晴らしい人がおられることを知り、私は幸せです。

21　どの縁も　いかす努力で　良縁に

ぼやき人生の人に出会うことがあります。ぶつぶつと不平を言って、自己弁明をします。

自分は不運で不幸な運命にあるから、何事も願うように自分の望む人生が広がらない。努力はしているけれど、いつも成果につながらないとぼやき続けます。

確かに、同じ努力をしていても、成果を得られないことも、しばしばありえます。

例えば、同じ志望校を受験する受験生が、同じ学校、受験塾で学習し、家庭での勉強時間数が同じだったとして、志望校に合格する人と、不合格の人もありえます。同じ条件に思えても結果は正反対です。

合格した人を運がよく幸福な人、不合格の人は不運な人で不幸な人ときめつけられません。

条件が同じにみえて、結果が正反対の場合、どこかに重大な差異があると考えたいものです。

例えば、受験の縁、受験塾の縁など同じでも、その縁のいかし方に大きな差異があると考え、対応したいものです。

合格するタイプの人は、集中力が高く、時間管理が合理的、合格するという意欲が強いなどがありそうです。受験の縁を、合格という良縁にむすびつけられるのです。

私は、子供時代に虚弱児で、大病をくりかえし、死線を幾度も体験しました。

大学時代は苦学生で大学の授業料、私の生活費をかせぐため深夜まで働きました。子供時代も、大学時代も勉強する総時間は、決して恵まれていませんでした。

これらを一見すると、不利な不幸な縁のおかげで、集中して時間管理する習慣が私なりに体得できました。ありがたい縁でした。

社会人になってからも、しばしば、あなたは仕事がはやいと言われました。

高校・大学・就職の段階で、浪人・留年などもなく終わりました。裕福な子女が親からたっぷりと経済的支援を受けながら、浪人・留年をして、就職しないで親の力に頼っている人も、時にあります。

一見すると、不運で不幸に思える縁も、努力で、良縁に変えられることもありえます。

人生は苦しいこと、辛いことが多いのは現実ですが、不運で不幸に思える縁も、考え方や努力によって良縁にかえられるのも確かです。

人生は楽しい現実もあると、私ながらの小さな良縁にした体験に、感謝している老いの人生のひとこまです。

22　奉仕する　感謝しながら　恩がえし

奉仕は、報酬を度外視して、国家・社会・人のために尽くすことです。奉仕活動をする人の基本的な考え方、姿勢は、奉仕はしてあげているのではなく、させていただいていると思い、感謝しながら、心をこめて実践することだと思います。

私たちは、この世に誕生してから、今まで各方面から、無数の人達に支えられ、助けられてきました。お世話になった人、支援を受けた具体的内容のほとんどは今では、すっかり忘れてしまっているのが現実です。

奉仕活動をするときは、恩がえしの機会に接したことに感謝したいものです。

私は、民間企業で海外貿易業務に従事している時に、天然資源に乏しい日本は、人材育成が重要と考え、教育界で活動することに、人生行路の変更を決意しました。

教室だけの教育活動だけでなく、全国の子供たち、その保護者を対象とした「無料電話教育相談」を、自宅の電話を利用して、開設しました。

同時期に、教育に関する著書をすでに全国出版ではじめ、書店に並べていましたので、著書に中で、電話による無料相談の存在を知らせていました。

すると、全国各地から、子供からは、「いじめ」「進学」などの悩み相談、保護者からは「不登校」「非行」「異性や友人」等に関する各種の心配事相談が連日よせられました。無料でほんとうにいいのですかと、何度も確認される人もおられました。

私は、無料だから、適当に対応することは決してしませんでした。特別に、来客があったりして、相談時間の長さに制限がないかぎりは、相談者が電話を切られるまで、私は受話器をもち続けました。

相手方の相談が終了したら、私の方から、「ありがとうございました。またよろしければお電話ください」と、お礼とお願いをしました。

すると、なかには、奉仕活動をしている方が、お礼とお願いとは不思議ですねと言われることもありました。

私の方の考えは、お世話になっている方がおられる社会に対し、その感謝の恩返しの機会をいただいた人に、お礼とお願いするのは自然の発想でもあるように思います。

恩がえしは、させていただいているわけです。社会から広く受けてきた支援の総量は限りなく大きいのです。私の奉仕活動など、実にささやかなのです。

人間は、自分の可能な範囲で、ささやかでも、感謝して奉仕活動をしたいものです。

私は高齢になり、体力的にも無理はできませんが、刑務所の受刑者の皆さんの更生と、社会復帰のお手伝いと、日本在住の外国人の方の日本語学習のお手伝いを続けさせてもらっています。ありがたいことです。

23 利他心で　自己の幸せ　強くなる

利己主義と、利他主義は正反対の人間の生き方です。

利己主義は自分だけの利益・幸福・快楽を求めて、他人の立場を考えようとしない生き方です。

それに対し、利他主義は、他者のことを第一に考えて言動する生き方です。

私は、他者のことを第一に考えて、言動できるほど、人間として成長していませんが、自分だけ本位第一主義者になりたくないのです。

人間は例外なく自分が幸せになりたい。同じように他者も自分と同じように幸せになりたい。

従って、他者も幸せになれるように常に考え、可能な限り、他者の幸せ実現のために言動すべきです。

利己主義の度合いを弱め、利他主義の度合い強めて生きたいと思うように、高齢化するにつれて考えるようになりました。利他の事を願い言動する傾向が強まるにつれ、自分の幸せがより強くなるように、最近は感じるようになりました。

私の机の上に、「幸福地蔵」の写真があります。どの地に安置されているのか知りませんが、心あらわれる地蔵さまの写真です。「自分以外の幸せを願いましょう」との文字があります。

幸福地蔵に手をあわせて、私を幸せにして下さいとお願いするのではなく、自分が幸せになりたいのなら、他者を幸せにする心がまえで生活しましょうと伝えて下さっているのです。

残された私の人生を大切にしたいと思います。大切にする方法の一つとして、「他者の幸せを願う強度を高めて生きる」ことに留意して人生を楽しみたいと考えています。

24　死がこわい　しだいにうすれ　高齢に

死がこわい、できることなら死をさけたいと願うのは万人に共通だと思います。

私も子供時代に、大病をくりかえし、死の直前までの体験をなんどもしました。

そのような絶命の危機の時に、死の大恐怖をあじわいました。

子供心に、宗教・哲学などに自然に関心をもち、子供では、とうてい読破できない本に手をのばし読もうと挑戦もしたのです。

子供時代から今まで、仏教・キリスト教に関心をもち、多少なりとも、教典にふれ、宗教家の方々のお話も聞いてきました。

仏教寺院で一定期間の修行体験もしました。もちろん、現時点で、悟りの境地までは達していません。

それでも、年齢が増すにつれ、しだいに恐怖感が弱まってきていることを実感しています。私なりに恐怖感が弱まってきた理由を考えています。

五つほど理由があります。

（一）死は絶対にさけられない現実

（二）高齢まで生きてこれた幸せに感謝

（三）死後に親たちに再会できそう

（四）真の意味で死はなく生死一如の世界

（五）今を感謝して幸せに生ききる

私は若いころに、高齢になるにつれて、余生が少なくなるので、死の恐怖感が増大するのではと心配していました。

しかし、実際、高齢になってみると、恐怖感が増大するのではなく、逆に日に日に、恐怖感が減少し続けているので驚いています。

私は、お盆に、長男と次男の家族が先祖のお墓まいりに来た時に、食後、二人の息子、妻、孫たちを前に、私と妻が次のことを伝えました。

（一）私たち二人の死に際して、特別に悲しく思わなくてよい。誰でも死はある。死の恐怖はほとんどない。

（二）死が近づいても、必要以上の延命処置はしないでほしい。

私たちが他界しても、子供たちの家族の幸せを願い続けている。

息子たちや、配偶者、孫たちは、納得し安心した顔つきで、私たち夫婦の話に耳をかたむけてくれました。

私の親しい知人が「私はこの世で肉体の活動が停止する、一般に言う死がそれ程にこわくはない」と常に言っています。その理由の一つに「往生の意味は、極楽浄土に生れにいく意味だから決して悲しいことではない」と言いきっています。

同じことを言い続けた別の知人が、笑顔をうかべてこの世を出発しました。私はその顔つきの平安さを見て、感動しました。

25 感謝して　今日の命を　まっとうす

戦中戦後の混乱と激動期に子供時代をおくり、戦火で住む家を失い、父親や兄たちが戦場で命を失う人たちが多数おられた時代に小学生でした。

私自身も米軍のグラマン戦闘機から銃撃を受けました。銃弾がいくつか頭上をとびました。

運が悪ければ、銃弾が私の肉体を貫通し、その場で死をむかえたことでしょう。

私の妻は私より五歳、年齢が若いのですが、物心つかない幼少期に、自宅を戦火で焼失し、そのうえ民間の商船の船長だった父親は戦争末期に軍の命令により徴用船の船長になっていたのです。

仕事を終え、日本に帰航中に米軍の攻撃をうけて船は沈没したのです。船員が助かるのを最優先して奮闘しているうちに、妻の父親は船と共に、大海の底に帰らぬ人になってしまったのです。

妻は母親と、戦後、家を失い、家族の大黒柱の父親が無く寂しく、経済的にも多難な生活だったと思います。

私は、妻と結婚することに決定し、私は心の中で強く誓いました。

妻の幸せを願い、妻の母親に安心してもらい、大海にねむる妻の父親にも安心してもらえるように私は言動して生きようと決意しました。

私は妻と相談し、敷地内に廊下づたいに、母親専用の小さな家を新築し、仏壇を新しくして、父親の位牌を置きました。

母親には新しくベッドを購入し、ゆっくり睡眠をとってもらうことにしました。

私と妻は、毎日、仏壇の前に正座し、仲良く幸せに生活していますから安心してくださいと報告をはじめました。

長男が旧帝大系の国立大学医学部に現役合格し、次男は県下、最難関の公立進学高校に合格した春に、妻と私、母親、二人の息子の五人がそろって、父親の元の実家のお墓に、感謝の報告のおまいりに行きました。

田舎の菩提寺に行き、海底で死をむかえた父親に、あなたの妻と、その娘、娘の夫、孫たち、五人が仲よく毎日、幸せに生活させてもらっていますと、心をこめて報告させてもらいました。菩提寺のご住職の読経の中、私達はそろって合掌したのです。

私が今日このようにして幸せな生活ができているのは、無数の人たちからうけている慈愛のおかげだと、老いを深めるにつれて痛感しています。今日の命を大切にして、少しでも感謝の心をより強くして、今日一日を生ききりたいと思っている老いの生活です。

近所の人たちから、「あなた達は仲のよい夫婦ですね」とか、「いつも一緒で仲のよいこと」と、笑顔でからかわれることがあります。

それでも特別に他意はないのですが、妻が少し腹がたちそうなことを言ってしまうことがあります。そのような時に、私は妻の肉体に両手をあてて「今はこの世にいない両親や祖先に、許して下さい」と懇願します。すると妻は、「そんなにしなくてもよい」と、また仲よくしてくれます。

26 余生なし　与生あじわい　今日もまた

「余」は、あまり、のこり、ひまの意味があります。余った力の「余力」、人生ののこりの「余命」、ひまの「余閑」です。「与」は、さずかる、あずかる等の意味があります。「授与」「天与」などがあります。

一般に老後に残された生活を「余生」と表現します。社会全体で通用し、認識された表現ですから、私は否定しませんし、受けいれているのは当然です。そのうえで、老後の人生の「よせい」を「余生」ではなく、「与生」でありたいと私自身は勝手に感じ、願っています。

若くして、無念にも、病気、戦禍で生命をなくし、この世を去った人達も多くおられます。私の妻の父親も徴用船の船長の時に大海の中で死をむかえました。私自身も子供時代に大病を重ねました。死の恐怖の連続にあって、医師や家族が奇跡的に死続を脱出したと表現する体験をして、今、ここに幸せなことに高齢に人生を満喫させてもらっています。

私は、高齢期の人生を「余生」感覚で過ごす気にはなれません。あまり、ひまな高齢期の生活の感じですごすことは、一種の罪のように思えてなりません。

大いなる恵みとして、さずかり、あたえられた高齢期の人生と感謝し、ありがたく有効にすごさなくては申し訳なく思っています。

高齢期なりの、自己実現と社会貢献の具体的内容を追求し、具現化し生活をしたいと私なりに考え言動したいです。

これまでにやり残したこと、例えば、若いころから読もうと部屋に、積み残した本を読む、執筆して残したい原稿を書く等もあります。社会貢献は、私なりに出来そうなことは数多いのです。笑顔での会話、刑を受けている人の更生と社会復帰のささやかなお手伝い、世界中の貧困と病気に苦しんでいる方を、ほんの少しですが救済するために、私の生活費をきりつめて、長期的な募金活動に協力する等です。

私は高齢期の毎日の生活を「与生」として感謝しながら、楽しく幸せにおくりたいと念じています。

27 心から 親の写真に 合掌す

「親」という漢字の形が意味する内容を私なりに次のように感じとっています。「木」の上に「立」って、慈愛の目で永遠に子供を支え「見」まもっている存在です。

大自然界の動物の生態を映画とかテレビで見たことがあります。親が高い木の上に立って、地上にいる子供たちの安全確保のため、外敵が近づいて来ないか監視しているのです。

私は若いころ、山村を散策したことがありました。遠くの高い木の上に、一匹の猿がいました。奇妙な鳴き声を発していました。

私が十メートル位まで、近づくと、多数の子供の猿が、親猿の後を追って山の方へ逃げさってしまいました。親猿が子猿を見まもっていたのです。私を外敵の存在と判断したのでしょう。

私は野生の動物の世界も、親は、木の上に立って見まもっていることを知りました。子供は親がたよりで見まもられているのだとわかりました。私は親がこの世に存在していた時はもちろん、親が他界した後も、常に慈愛ぶかい親に見まもられていると実感しています。

毎日、私と妻の両親の写真をみて、いつまでも私たちを見まもっていて下さいと、感謝しながら合掌しています。

四人の親が皆、私に向かって笑顔でみつめてもらっているように感じ、私は、毎日の生活を幸せにくらしています。

私は子供のころから犬大好き人間です。私の日常生活で大学時代以外は常に犬がいました。柴犬と秋田犬です。現在は柴犬の母親と息子の二頭がいます。

中庭に放し飼いしています。見ていると仲よく生活して、母親は息子の行動をやさしくみつめています。散策中も、息子が別の道に行こうとすると、静かに立ちどまって、帰ってくるのを待っています。動物である犬も子供の行動が親は気になるのでしょう。

28　人生に　無駄はなさそう　生き方で

私は、子供のころ、長い人生を考えたとき自分自身が不安に感じたことがいくつかありました。

一、虚弱で病気がちで将来、人生開拓ができるだろうか。

二、得意分野が特になく、勉学、職業にむすびつくものが見つかるだろうか。

三、体力勝負で、生計をたてることが不可能である。

四、内向的で、良好な人間関係をきずくのが不得意。

五、吃音で他者と会話し、仕事などをこなすことが出来るだろうかと不安。

これら五つの私の弱点に、どう対応していくべきか、私なりに子供の発想で、たちむかいました。

一、虚弱と病気がちに対して、まず健康第一で、絶対に無理や危険なことはしないようにする。学校も無理して行かず体調が悪い時は積極的に休む。

二、得意分野については、教科も数学など不得意でも気にしない。スポーツで頭角を現すことを断念する。その分、興味と関心がある英語学習と読書に集中する。

三、体力勝負で生計がたてられないので、英語力活用、執筆、講演などで生計をたてることに決意し準備をする。

四、内向的性格を改善するために、進学や就職分野の調査を自分でやり、決定の道すじを考え、可能な限り、自分の力で方向づけをする。検討の過程で、親や家族に相談するけれど、最終決定と責任は私自身がとる。

五、吃音で教室で本を音読する時に苦しく辛い体験を幾度もしましたが、英語の物真似をして、教室のクラスで大うけし、人前で楽しく話す自信ができ、自然に吃音がなくなりました。

人間は何が幸か不幸かわかりません。虚弱であったため、無理しなく健康になり、高齢まで楽しく幸せに生きられました。

スポーツ万能だった友人が若くしてこの世を去っていることもあります。

不得意分野を気にせずに、興味と関心あったことに精力を集中し、得意に思える分野で生計をたてられました。

体力勝負でなく、集中可能な分野を活用し定年退職まで、仕事をして収入を得、生計をたて、社会貢献ができました。

内向的であったため、改善意欲が高まり、進学・就職活動も積極的にやり、順調に人生を渡ることができました。

大学時代は自活して、社会性も、それなりに育てることができました。

吃音の不幸な体験をのりこえ、教師として授業もやり、講演活動、時にはテレビやラジオにも顔をだし話をすることもありました。人前では話すことなくして、私の仕事がなりたたなくなったのです。

苦しんだ体験、不幸な体験が、結果として私は、それをとおして、生きる道が広がり、活動できたことになります。

人生に無駄なことはなかったのだと、つくづく実感し、感謝している老いの心境です。

生き方しだいで、人生の結果は大きく変化しそうです。

自分を失ってはいけないのだと、思うこのごろです。この世を去るまで自分の人生を大切にしたいものです。

今、私は八十三歳です。まだまだ私なりにやりたいことが多くあります。知人、友人の多くの方が、「毎日がたいくつ」とか、「テレビだけが友人」などと言ってなげく人がおられます。

高齢者は、ありがたい与生の時期です。毎日に感謝して、その人なりの楽しい与生をすごしたいものです。せっかくの、この世に与えられた人生です。少しでも楽しく、充実しておくりたいと私は考えています。

私は「毎日が楽しく、ありがたい」と思って、ウキウキしています。

29　念ずるは　今に心と　心して

「念」は思う、考えている、おぼえている等の意味があります。「念力」一心に思い込むことによって生ずるちから、「念願」いつも心にかけて願う等の言葉もあります。

世間一般に日常会話のなかで、「受験に合格することを念じて神社に参拝に行ってきました」「私は幸せになることを念願しています」といった話をします。

受験合格のために、勉学に励まずに、神社を参拝されても、神様は困惑されるかもしれません。

真剣に勉学している受験生、勉学しない受験生が、神前で肩を並べて「お願いします」と柏手を打たれても神さまも困ってしまわれます。

いつも願いをこめて、合格にむかって日夜にわたり努力している受験生に喜びと幸せを与えたいと思うのは神さまも同じはずです。

「念」という漢字は「今」に「心」と書きます。「今」を大切にして、常に「心」をこめて精進する人が、成功の第一候補者であるはずです。

過去の生き方を悔い、反省するのも必要ですが、過去の失態にふりまわされて立ち直れないとするなら不幸の積み重ねになります。

また未来に希望を持ったことは大切ですが、希望だけで、何も積極的に未来に向かって行動を今しなければ、過去の失態の繰り返しを未来に起こすことにもなります。

過去の反省、未来への希望も必要ですが、一番大切な人生開拓の具体的方法は、「今」に「心」をこめて、よりよい未来の姿を「念願」して、毎日の今を幸せに生きることだと考えています。

私は、現在、高齢人生をおくっています。

与生が与えられていることに感謝し、「今」に「心」して、二十四時間を大切に生きていきたいものと念じています。

30　忘れない　救いをもとめる　人おおし

私は定年退職し、子供たち二人は結婚して別居生活しています。

私たち夫婦は、二匹の柴犬と静かな老後生活です。年金生活ですから、裕福な経済生活ではありませんが、健康に恵まれ、特別に今のところ心配なく、幸せな生活をさせてもらっていて、感謝しています。

同じ地球上で、人間生活をしていながら、辛く苦しい生活をされておられる人達があります。

例えば、国境なき医師団が救済活動をされている諸外国の病院で、支援をうけて救いを求められている人達があります。

特定非営利活動法人「国境なき医師団日本」より、年度財務報告・活動実績が、私たち支援者に送られてきます。

その報告によると、日本からの目標支援額を超えた支援があったと感謝の言葉がありました。

現地の人達から、日本の医師や日本人から支援に感謝の声がよせられているとの報告もあります。

同じ地球上に貧困、病気、戦争などで苦しい不幸な生活環境におかれた人が多いのです。

決して努力不足などの自己責任の範囲ではないのです。

私たちは、各自が可能な限り、人間同士の仲間として、救いの手だすけをしたいものです。

私たち老夫婦は年金生活者ですから、決して裕福ではありません。それでも老いた私たちに贅沢はありえません。

特に衣食住を豊かにする必要もありません。与生を幸せに送らせていただくだけで大満足です。

年金収入をきりつめて、年間一定金額を、苦しんでおられる国内外の人たちに寄付することにしています。

少しでも寄付できる幸せがありがたいのです。

私は大学卒業後、同じ大学で学んだ者の会食がありました。初めての給料の使い方に、話がうつりました。

友人の一人が給料の一割を、恵まれぬ人を救済する慈善団体に寄付したと言いました。自分は大学を卒業し、仕事に恵まれ、給料をもらった幸せ者、不幸な人を手助けするのは当然と言いきりました。給料だけでなく、ボーナスも、退職金も同じように一割を寄付するつもりだとのことでした。

私は友人の言葉に感動し、一種の大きなショックを受けたのです。

彼の言葉を聞いて、私は私なりに、できる範囲で、寄付や社会奉仕活動を生涯つづける決意をしました。

私は友人で同級生でありながら、彼を私の人生の師と今でも尊敬しています。

31　忍耐が　人生ひらく　もとになる

苦しみ、つらさに対し、じっとがまんして努力を続けることは、人間として成長し、ある目標を達成するために、絶対に必要な条件であると思います。

どの分野の成功者を見わたしても、忍耐強く努力を継続した人の中に、成功者が出現しているのです。単なる運が良かった、才能に恵まれただけでは成功しないのです。

成功の第一の必要条件は忍耐強い努力にあると思います。

例えば、この資格を得たい、この分野での著名人になりたい等と願っても、万人が思うように成功できないのは当然です。

このようになりたい等の願望をもった人、それなりの能力をもった人は、数えきれなくいるものです。

私は高校教師をしていた時、新入生の最初の授業で、いつも生徒たちに話したことは、目標を設定し、計画性をもち、忍耐強く三年間、いつも努力をすることを強調しました。

勤務していた高校が、県下の有名進学校でしたので、全生徒が真剣に耳をかたむけてくれました。その話の中で、三年間で成果に大逆転がおこりうることも話しました。

入学当時の志望大学と、卒業後に入学している大学とは、大きな差異もおこった過去の多くの実例を話の中にいれました。

生徒たちは、しだいに目をかがやかせて、聞きいってくれました。事実、多くの卒業生が入学時には考えていなかった難関大学に合格していったのです。

知人の中学校の教師の中には、中学時代の生徒から想像すると、難関大学は考えられないが、どのような教育をしているのかと、問われることがありました。

私は特別な授業とか、教育をしていませんと答えました。ただ、生徒が意欲的に目標をもって、忍耐強く努力を継続することの必要性を教えていますと返事をしたのです。

人生開拓は、目標をもって意欲的に忍耐強く努力する人に可能性が広がってきます。

私は教育分野の仕事をする決意をした時に現場教師の成果の他に、教育関係の著書出版、電話無料教育相談、教育講演会の講師、各種の教育分野のボランティア活動を、時間と体力がゆるす限り継続することにしました。

定年退職後の今も、現場教師の仕事の他は全て続けています。

時々、卒業生に会うと、「若いですね。教えてもらった時と変わっていませんよ」と、少し嬉しいことも言ってくれます。

私は、老いた今も、正直、毎日が楽しいしそれなりに充実しています。公的な定年はかなり昔ですが、私自身の定年は、まだまだと自分なりに勝手に考えています。

今でも、まだ人生は広がりそうと念じながら生きています。

32　ありがとう　心から言う　老人に

不機嫌な顔つき、不幸や不満を常に言っている老人の方に会います。例えば、電車の中で、一人でブツブツと小言を言い続けている人、道ゆく人に何かを不満そうな顔つきで文句らしい言葉をなげかけてくる人などに出会うことがあります。

私が電車に乗っているときに、向かいあう座席の老人が、杖を支えにして眠っておられました。急に目をあき、立ちあがって「お前が悪いのだ、だから社会が良くならない」と、杖で足もとをたたいて、隣に座っている青年の顔をにらみつけました。驚いた青年は静かに、その場をはなれて逃げさりました。その後も一人で、不機嫌なようすでした。

また特急電車内のことですが不機嫌で理不尽な言動をする老人の乗客の姿を見ました。車掌さんが、車内を歩いておられる時に、急に意図的に片足を、車掌さんの足もとにつきだしました。車掌の方は、予期せぬ乗客の行動でしたので、つまづいて、ころびそうになりました。「すみません。大丈夫ですか」と頭をさげて、車掌の方は老人に詫びました。すると、不機嫌な老人は、車内で、大声をあげて車掌の方を非難し続けました。私や、周辺の乗客は困った老人と互いに顔をみあわせていました。

私が街を歩いている時に、道端で仰むきに寝ころんでいる老人の方がいました。私は気になり、しばらく見ていましたが、もし体調が悪いのだったらと心配になりました。私はかるく、老人の肩に手をやり、「体調が悪いのでしたら救急車をよびましょうか」と声をかけました。すると、老人の方は「体調じゃない。何かしら、むしょうに気分が悪いんじゃ。お前なんかにわからんやろ」と、立ちあがって、ヒョコッヒョコと遠くへ行かれました。

最近、私自身が高齢になっていることもあってか、高齢者の生活が気になっています。

「ありがとうと、心から言える老人」であり、笑顔で、やさしい言葉づかいの出来る老人でありたいと、私をふくめて、思うこのごろです。

33　これもあり　親孝行の　方法は

私が大学の入学式を終え下宿での夕食時のことです。

現在は、マンションとかアパートなどで下宿生活をする大学生がほとんどですが、私たちのころは、老夫婦などの一般家庭の家に下宿させてもらうケースが多くありました。

私は老夫婦の家での下宿でした。テーブルをかこんで夕食時に、老夫婦は私の顔をじっとのぞきこんで言われました。「あなたは親孝行したいですか」の質問に、私は一瞬おどろきました。「はい！　親孝行するつもりです。したいです」と、素直に即答しました。

すると、疑いたくなる言葉がありました。「親孝行したかったら、あまり真剣に勉強しないことです。卒業できる程度の勉強です」と自然な顔つきでした。

私は生まれてはじめて真剣に勉強をするなという言葉を耳にしました。

私は、おそるおそる尋ねました。「どうしてですか」の問いに、「卒業すると、親をはなれて、飛び立ってしまうからです」と返事をされたのです。

老夫婦には三人の男の子供さんがいたのです。三人とも超優秀で大学を卒業すると、国の内外で大活躍する人になったのです。

当時、珍しかったテレビ、洗濯機などが大きな部屋に並んでいました。親孝行の表現だったと思います。三人がそれぞれ、両親にプレゼントされたのです。

老夫婦は、テレビ・洗濯機などを指さしながら、三人の息子とも、顔も見られない状態です。

子育てを懸命にしたけれど、老後はさみしい結果です。「あなたは特別に立派にならなくても、親と顔をあわせ、会話ができる境遇でおることが親孝行です」と私に親身になって言われました。

私は、なるほど、親孝行の一つの方法なのだと、私なりに理解しました。

私自身が成人して、就職して、結婚し、二人の男の子を育てることになりました。ふたりとも国公立の理系の大学院を卒業して、親元をはなれて、社会で活躍しています。

私の大学時代の老夫婦を、まったくよく類似した状況になりました。私と妻と二人だけの生活です。老夫婦だけの生活です。

私たちの考え方は、息子たちは決して親不孝な生き方をしているとは思えません。

むしろ、親孝行な生き方をしてくれていると、手をあわせ感謝していま す。

その理由は、子供は親のためだけの存在ではなく、社会のための人材です。親の子育ての結果が、社会貢献の働きになれば、親としてありがたく、嬉しいことです。

従って、社会人の一人として、社会に出て、社会貢献をしてくれたら、親として幸せです。

親と顔をあわせ、会話する機会がほとんどなくなっても、社会に出て、働き、結婚して子育てをしてくれたら、その上で孫も社会貢献できる人材に育ってくれたらと常に願っています。

親の老化の手助けになり、身辺の世話をしてくれるのも、素晴らしく、ありがたい親孝行の姿です。

一方において、親の手助けにならなくても、社会で大活躍して、社会の役にたってくれたら、これも素晴らしい親孝行です。

私たち老夫婦は、自分の子供たちに、親孝行をしてくれていて、ありがとうと、毎日の生活で感謝しています。

時々、子供たちが親に、自分や家族の近況報告や、「元気で生活しているか」等と、電話して声を聞かせてくれたら嬉しいと思っています。さらに正月の休みなどに、談笑しながら皆が集まり食事をする等が出来れば親として感謝しなくてはなりません。

現実に、二人の息子とも、電話やメールをしてくれたり、妻と孫の声も聞かせてくれるのでありがたいです。三家族が小旅行する機会をつくってくれているので親孝行していると考えています。ありがたいことです。

34　墓まいり　高齢になり　機会へる

私たちは結婚してから、特別に多忙なことがない限り、毎週一回程度の墓まいりをしていました。私の先祖と妻の先祖の墓まいりです。

私たち夫婦が仲良く協力しあって、幸せに生活していると報告し、感謝の読経と合掌をしていました。

時には、どうでもよさそうなことで、少し口論することもあります。感情のささやかな衝突があったり、数分くらいの口論があった週は、不快な思いをさせた配偶者側のご先祖さまのお墓の前で、心をこめて謝罪をしました。その謝罪の姿を見て、被害者側の妻は許そうと思います。

墓まいりをした後に、ファミリー・レストランや喫茶店などに行き、楽しく飲食したり会話をしたりします。

おかげで、私たち夫婦は、結婚後に一度も相手の顔を見たくないとか、危機的状況になったことはありません。

子供たちが独立し、私たち老夫婦だけの生活になった今、毎日いつも一緒にいます。外出もほとんど一緒ですから、近所の人は笑って、「よくご一緒で仲よいこと。お互いにあきませんか」と言われることがあります。

長男と次男の妻も、それぞれが「お父さんと、お母さんを見ならって私たちも負けないように仲良くしています」と言ってくれます。

私が八十歳の年齢に達した頃より、少しづつ、毎週一度のお墓まいりが、二週間に一回になり、月に一回になることもあります。

理由は、墓の位置が山の高いところにあり、遠い場所にあるため、高齢のため車の免許を返納したことなどがあります。

家から、墓のある方向にむかい、ていねいに、心をこめて読経と合掌をしています。

きっと、両家のご先祖さんも理解していただいていると思います。

私も妻も、それぞれが両親があり、ご先祖さんがあるから、私たちが存在し、良縁の下に結婚し、幸せな生活をさせてもらっていることを忘れないように心がけています。

35　老夫婦　愛犬二頭　仲がよい

私たちは、結婚し、現在の場所に住みだしてから、すぐに犬を飼うようになりました。妻は犬を飼った経験なかったのですが、私は動物好きでした。子供のころから、犬・猫・亀・兎・鶏・金魚・小鳥などを家で大切に世話をしていたのです。田舎生活でしたから土地が五百坪ほどあり、隣の家まで百メートル位はなれていました。動物を飼育していても、近所迷惑にならなかったのです。私は近所に気をつかわずに、気楽に動物と楽しい生活をしていたのです。

私が結婚した場所は、県庁所在地の地方都市でした。広い土地でのびのびと生活する条件ではなかったのですが、それでも敷地が百坪あり、三方が家と廊下で囲まれていました。私たち夫婦は相談して、土地の中央にある中庭にフェンスをはり、犬が脱出しないようにしました。

最初に我が家に来たのは、白の秋田犬でした。忠犬で有名な秋田犬でした。二人の子供が幼いころでしたが、子供にとっては大きな犬でしたが、おとなしく、よくなつきました。秋田犬と子供達は仲よく楽しい体験をしました。

どこか本で読んだことがあります。人間は子供のころに動物を飼育して、楽しい体験をすると、性格が良くなり、成人しても社会性がある傾向がつよいとありました。私自身の体験からも、なるほどと納得できる部分がありました。

その後、柴犬の一頭と楽しく生活しました。現在は新しく来た柴犬と、その子供と二頭が私たち老夫婦は、仲の良い家族、友人のように共に楽しく生活をしています。動物は、なかでも犬は人間にとって、すばらしい仲間になりえます。犬の頭を撫で、体全体のスキンシップをすると、犬も人間も、共にリラックスし健康のために良いと思えます。

毎日、朝夕と二回、愛犬と散歩し、途中で神社・寺院に参拝することにより、心の健康にも良いように考えられます。

私たち老夫婦には、愛犬二頭は大切な仲間になっています。

36　祖先から　子孫につなぐ　我がいのち

親子は顔や声がよく似ているものです。性格までもそっくりのことがあります。

この現象は遺伝子の働きだと言われています。親や祖先の形質が子供や子孫に伝わる現象なのです。

従って、私の現在のいのちは、祖先から親をへて、私に伝えられているわけです。

さらに私のいのちは、子供をとおして、はてしなく子孫につたわっていくわけです。

生命、いのちは、はるか昔の祖先から、はてしない未来に向かって、子供、子孫へとバトンタッチすることになります。

私の現在のいのちは、過去の長い期間をとおして、祖先・親からのあずかりものです。

自分の人生を祖先や親に対して感謝して一生を終えなくてはなりません。

決して、そまつに、いのちを使ってはいけないのです。

私の体の中に、無数の命が存在しています。

祖先の多くの人達を悲しませる生き方を私はできません。可能な限り、祖先を喜ばせる生き方を心がけたいものです。

さらに、子供や、未来の無数の子孫に、人間として、はずかしくない生き方を心して、私は生涯を終えたいと、老いるにつれ、強く感じるようになりました。

私は、過去の祖先から、未来の子孫に、自分の人生のレースを終え、出来る限り私自身が満足するかたちで、未来の子孫にバトンを渡さなくてはならないと思っている老いの人生です。

37 生涯で 今が最高 心して

時間の流れは、過去、現在、未来と続きます。数学の時間に学んだと思います。

線は点の連続と教師から聞いたように記憶しています。その時、その時の時間が続くから、過去から現在、さらに未来となります。

私たちの生涯も、過去の誕生から、未来の他界と続きます。過去を反省し、未来に希望をもつのも重要です。

人生をより充実させるためには絶対に必要な心得です。その上で、最も重要な人生充実法は、現在を最高に生きることを心がけることです。

今を大切に生活しないと、過去と未来の充実につながりません。

今のこの一瞬を大切に活用したいという考え方が、老の進行とともに日に日に強まってきた感がします。

高齢になった現在、一日が早くすぎさっていきます。大切な大切な一日です。どのような小さなことでも、他者の幸せ、社会のために、貢献したいと思っています。一日一善とか、一日多善を心して生活したいと考えています。

何かで困っておられる方があったら、私が出来ることなら、たとえ小さなことでも手助けをしなくてはなりません。

今日も、朝、愛犬と妻と、世界中の人々の幸せを願って、ミニお遍路をしている時、家でかわいがっていた猫がいなくなり、さがしておられる女性の方に会いました。

地方紙の紙面に、猫をさがしている記事をのせていただく方法など、私の体験上で可能な、猫を探す方法を説明しました。たいへん喜んでいただきました。

こまっている場合に、他者の体験とか、知識が役立つことがあります。お互いに人は助け合っていきたいものです。

38　延命を　無理やりさせずに　今をいく

「寿命」「臨終」という言葉は老いるにつれて、ますます現実感がわいてきます。

若い頃は、特にこの二つの言葉は自分とは関係ないことにように感じていました。

私も、定年後しばらくは、寿命・臨終を全く意識せずに毎日の生活をしていました。

しかし七十代の年齢になると、少しづつ死が私にも現実の問題として自然に意識するようになりました。

八十歳代に突入した段階になり、「寿命」「臨終」が自分の言葉になりはじめました。

私が子供時代に、「人生五十年」とよく耳にしました。この五十年と比較すると、私の現在の年齢は、五十年の六割以上プラスです。昔の人と比較すると長生きしています。

私は、もし大病をして、大手術を医師から提案されても、「手術をして延命する気持ちはありません」と、ためらいなく即答します。その理由は延命を無理やりすることを望んでいないからです。

体力、気力がゆるす範囲で今を大切にして生きたいのです。大手術の時間があれば、可能な限り、お世話になった人に会い、ていねいに、心をこめて、お礼を言いたいのです。

さらに、周辺の大自然の風景を楽しみ、さらに近くの温泉で、この世のなごりの余韻にひたりたいと願っています。

なにごとも、初めあれば、終わりあります。

人生もまた同じです。自分の人生のドラマの主役は自分です。できる限り、自然の流れを大切にして、自分のドラマに幕をおろしたいと思っています。

39　ふかき縁　夫婦となりて　幸きずく

「縁」は仏教の教えと関係がある言葉だそうです。ある出会いで運命に遭遇することを意味します。婚姻・肉親との関係など縁と強い関係があります。

無数の男性と女性が地球上に生活している中で、一人の男性と女性が結婚すること、親と子の関係ができて、一つの屋根の下で生活をすること等は、私たちの想定や、計画をはるかに超えた現実です。

私も、子供の頃から、時に将来、結婚する女性はどのような人かと漠然と考えていました。

さらに、結婚を意識する年齢になったら、かなり具体的に、結婚したい女性のタイプを考えていました。

結婚適齢期になった頃は、喫茶店で雑談しながらコーヒーを楽しむ女性、映画鑑賞を共にする女性、社交ダンスをする女性などに出会いました。

親切な人に紹介された女性とのお見合いもさせていただきました。くりかえすお見合い相手の女性の中には、私にはもったいないくらいの女性もありました。

しかし、不思議なくらい、結婚しよう、結婚したいという心が働きませんでした。

結婚願望がわきおこらない心境にある時にその日、私がお見合いすることを想定しなかった女性と急に、お見合いとなりました。

その女性の経歴、家族構成を全く知らされていない、写真も見ていない状況の下での対面でした。

初対面の女性も、急にお見合いになり、普段着、化粧もほとんどなしの状態で、指定の喫茶店にあらわれました。付きそいの人なく一人で店の入り口に立ち、どこに見合い相手の私がいるかさがしていたのです。

私は喫茶店の奥の方の席についていました。私は、入口の方へ行き、私の名前をつげました。私は入り口の女性を最初見た時、この女性と結婚すると不思議な確信をしたのです。

私たちはテーブルをはさんで、しばらく雑談をしました。

私は相手の女性も、なにか不思議な良縁を感じてくれていると、想像しました。

初めてあった女性の感じではなく、お互いに心が通じあってきた仲のように錯覚さえしたのです。

結婚した後に、私に妻は言いました。「初めて会った時に、この男性と結婚する」と感じとったようでした。

「縁」と、想定、計画、願望などと、かなり関係のないもののようです。縁は人間の知らない範囲で、どこかで深く、強い結びつきでつながっているようにさえ、感じます。

私たち人間は、「縁」を大切にして、「良縁」に育て上げる努力をしたいと私は思っています。「縁」をもとにして、縁を大きく育てたいのです。

そのことが大自然の恩恵にむくいる人間の努力のように思えます。

ふかき縁を大切に、私たちなりに育てる努力をしてきたつもりです。

自分の能力、努力ではなしえなかった数多くの幸せを、結婚後に体験しました。

私たち夫婦は、他界後、あの世でも結婚できればと話しあって毎日を生活しています。

親や、兄弟や姉妹などより、結婚相手とのこの世の生活は長いのが一般的です。

夫婦が仲よく助け合って幸せな生活を続けたいと願っています。

私たちの周辺の夫婦の皆さんを見わたすと残念に思える方も時にありますす。夫婦間にこそわからない実状もあるでしょうが、どうして別居や離婚しなくてはならないのかと思えるケースがあります。子供に恵まれ、家を新築したばかりの夫婦が、多額のローンをかかえての別居や離婚です。夫や妻、その子供、さらに両親の誰もが苦しみや不幸をかかえてしまいます。

常に大満足の人間関係はありません。縁を共に努力して育てていきたいものです。

40　人生も　どの年齢も　花ひらく

長い人生には、いつも「喜怒哀楽」があります。喜び・怒り・悲しみ・楽しみの四つの体験や感情があります。これは当然のことで自然なことです。

そのなかにあって、人間は誰でも、より幸せな人生をおくりたいと願っています。

喜びや、楽しみは、あってほしいことで、この状況にある時は、人は幸せを感じます。

しかし、怒り・かなしみは出来る限りさけたいことです。それでも、さけたいことの怒りと、かなしみは、かならずあり得ます。

人生をより幸せに感じ、幸せをより身近にする極意は、怒り・かなしみが現実にある時は、無理でも「自分育て」の好機と理解する努力をしたいものです。

私も小学生の頃、しばしば「いじめ」にあいました。戦中時代でもあり、竹の棒で理不尽に上級生から殴られたことがありました。

私は、怒り・かなしくなりました。涙を出すものかと、たえました。程度の低い上級生と内心は軽蔑し、顔には出しませんでした。

子供のころ大病で死線をさまよった時も、病気のため義務教育の中学時代に一年の留年をした時も、かなしくなりした。

いくら、かなしんでみても、大病を克服できない、停留状況から脱出できません。無駄な悲しみから出来るかぎり、離れる状態に自分をおく努力をしました。

怒り・かなしみと、必要以上に対決し、怒りと、かなしみを増強させないように私なりに努力しました。

一方、「喜び」や「楽しみ」をしっかりあじわい、幸せ感にひたるように心をむけました。

すると、人生は、幸せなことが数多くあり、毎日の自分の生活の中に、喜びと楽しみがころがっていることに気づいたのです。

どの年齢においても、毎日の生活の中に幸せになる花がいくつも咲きほこっているのです。

同じ人生の現実でも、ネガティブ発想とポジティブ発想では、当然のごとく、ポジティブで幸せでありたいものです。

これからの余生を、可能な限り幸せ人生でありたいと願い、ポジティブに生き続けたいと思っています。

笑顔や明るい言葉がづかいを意識して生活していると、いつのまにかポジティブな発想になっています。形から意識していると、実生活の内容にもなります。

私が仏教寺院で修業の真似ごとらしきことを連日している時に、言葉づかい、姿勢などについて教えていただきました。すると、考え方や、日常の生き方に変化がでてきました。

形から入って日常の生活態度に変化がおこるという大切な体験をしました。

41　これまでに　受けた支援　限りなし

人間は生涯にわたり一人では生き続けられません。たとえ孤島や山奥で一人ぼっちで生活しても、他の人とのかかわりが全然なく一人だけで生きることは万人が不可能です。

私たちがこの世で生誕し、成長しえたのもまず、両親が、さらに私たちの生育を支えてもらった人や、関係者が多数あったのも事実です。人間は、一人で誕生し、自分だけの力で生育することは不可能です。

一般に、家庭、学校、周辺の無数の人達の愛情と支援につつまれて、これまで生きてこられました。現在も、未来も、限りない人たちから守られ支えられて生きます。

自分だけの力、努力で生き、他者の支援は少しもうけてこなかった。これからも自分ひとりで生ききると断言できる人は、世界中に一人もいないのが現実です。

私たちは、名前さえ忘れてしまっている人も含めて、無限に近い人達の愛情と支援に守られている否定できぬ現実を忘れがちです。

無限に近い人たちに守られ支えられていることに、素直に感謝して毎日も送りたいと考えています。

朝、起床する時、ベッドの上で合掌し、「いつもありがとうございます。今日も一日よろしくお願いします」と言っています。

就寝する時は、同じようにベッドの上で合掌し、「今日もありがとうございました。明日もよろしくお願いします」と言って眠りにつきます。

私たちは一人の例外なく、受けている多くの他者からの支援に対して、日頃から感謝して生活をしなくてはなりません。

特に高齢になった今、この感謝の心を忘れては、幸せな老いの人生はありえません。

42 幸せは　いつも足もと　ありそうだ

私は若い頃から大の旅行好きです。大学生になり、自活しての苦学生だったころも、日常生活の費用を切り詰めて、予算の許す範囲で各地を一人旅しました。

旅をすると新しい発見があり、発想もゆたかになる気がしました。日常を離れると、脳に新鮮な刺激が伝わり、パワーが増強されるように感じました。

カナダ、アメリカの東海岸地域、ハワイを含めて旅する手段として、ヒッチハイクで一人旅をしたことがあります。通りがかりの自動車を止めて乗せてもらい乗り継いでする無銭旅行です。ヒッチハイクを望む意思表示をすると、不思議なくらい、ドライバーは女性でした。若い魅力的な女性ばかりではなく、女性格闘家ではないかと思うような筋骨隆々な人が私を乗せてくれたこともありました。

途中に幾度か、ドライバーの好意で自宅に宿泊させていただいたこともあります。

会話をしていると、国や言語が違っていても、人間相互に理解しあえる部分が多いことも実体験しました。

老いた現在は、海外を一人旅できないばかりか、近県の温泉旅行も簡単に行けないようになりました。体力に自信がもてなくなります。それでも、新しい幸せの発見があります。例えば、日常の散歩中、若い頃には気づかなかった新鮮なうれしい発見です。

それは幸せは日常生活の足もとに、多く存在していることです。日頃の散歩をする同じ道も、四季それぞれの変化があり、そこに感動があります。道端の雑草や草花も季節により大きく変化するのです。空の雲の形、色、流れも年中いつも変化しています。皮膚に空気の呼吸を感じます。

このような日常の平凡に思える生活の中に、実は、大きな喜び、感動、幸せの発見があります。足もとの幸せを発見し、喜び、感謝したいと老いの年齢になった今、強く実感しています。

43　老いてなお　悪事たくらむ　人かなし

人間はすべて例外なく罪をせおって生きています。

端的な罪の例は、殺生です。動物の命を常に口にして私たちは生き続けています。

動物にとっても、人間と同じように、大切な命です。それを、動物を人間が殺して、その肉を口に入れているのです。

そのことに、人間は懺悔せずに平気で食べています。私自身も、特別に申し訳なく思わないで、魚などを口にしています。

私は愛犬家ですから、もし、犬を殺して食べる人がいたら、なんと残酷な人間なのかと非難するでしょう。

その私が平気で魚を食べます。魚なら問題ないけれど、犬は問題ありでは、不合理に思えます。魚も犬も動物で命があります。

だから、私はこの食生活においても、日常生活で罪をおかしているのです。

私は、刑務所で社会奉仕活動として、「篤志面接委員」をやらせていただいています。犯罪をおかした人たちが受刑されている刑務所に出向いての活動です。犯罪をおかした人たちの更生と、社会復帰のお手伝いをする民間人の活動です。

私は法律上は悪人ではありません。人間を殺害していませんが、魚の肉は食べています。だから、広く考えれば、私も罪を背負って生きているのです。

私たちは食事をする時に、「いただきます」と合掌します。動植物の命をいただきますと、懺悔と感謝の言葉の合掌と思います。

私たちは万人が、どこかで罪をせおって生きています。反省が大切に思います。

罪をせおいながら生きている私たちが、老いてなお、新しい悪事をたくらむ人がいます。

スーパーに行き万引きする、詐欺事件をおかす、窃盗をする、殺人行為をする等と、さまざまな悪事を考え、実際に行動をおこし、深刻な事態においこまれるのです。実に悲しいことです。

私は老いの人生を、自分の体力がゆるし、国や刑務所側が認めていただければ、「篤志面接委員」を継続し社会に少しでもお役にたちたいと願っています。

高齢になり資産家が詐欺や脱税などを計画し実行することがあります。人生旅の最終期であり、必要とするお金はあまりないはずです。それでも悪事をはたらきお金を山積みすることを考えます。

新聞を毎日みていると、このようにお金に困らない人が、悪事をはたらくことが、しばしば報道されています。悲しいことです。

44 人生に　春夏秋に　冬もある

一年には四季があります。どの季節もそれぞれ特徴があり、全ての季節を肯定的に理解し、すごしたいと私は日頃から考え、対応しています。

仮に、正反対に、全て否定的に考えて、一年をすごしたとしたら、なんと、つまらない一年間の生活になるでしょう。

否定的な季節感で、一年さらに一生をすごしたとしたら、人生は何だったのかと悲しくなるでしょう。私は全ていかしたいとの願いです。

人間の人生も、季節のように変化と節目があります。私は一年の四季のように、人生も四つの期間があるように思います。

第一期　人間としての始動期
誕生し、心身の健康と生育を増進する

第二期　人間として社会生活の準備期
学校などで学習し生活能力を高める

第三期　家庭・社会での活動期
　家族をもち、社会人として活躍する
第四期　人生のまとめと謳歌期
　自己の人生に感謝し幸せを満喫する

私自身は、現在、第三期の一部と、第四期の生活を楽しんでいます。第一期から第三期の今までの私は、多くの人たちから多大の支援を受けて、幸せであったと感謝しています。

ほんの少しでも、私が出来ることで、社会や、他の人達にお返しをしたく思い、私流のボランティア活動などをさせていただいている現状です。

私がこれまでに多方面から、受けてきた恩に対し、とてもお返しできているとは言えません。

感謝の心は忘れずに、もち続けたいと思う私の昨今の老いの日常生活の現状です。

45 想い出は　全てなつかし　良いように

長男、次男とも大学院を卒業し、医療関係の職につき、結婚し家庭を持ちました。私たち二人だけ、かなり広い家に、静かに住むことになりました。なんだか子供たちが我が家をはなれて、巣立っていってくれるのは嬉しいのですが、さみしいと感じる部分もあります。

成人しても独立できず、老いていく親にへばりついていてくれたら困りますが、寂しさを感じるとは贅沢で申し訳ない悩みです。

この二人の子供は、誕生のころから、私たちなりに、愛情を持って養育してきたつもりです。

親ですから当然ですが、愛情だけはたっぷりと心がけてきました。ありがたいことに病気もせず生育してくれ、志望の学校を卒業し、仕事を見つけてくれました。

学習塾・予備校に一日も行かずに、学校の授業と家庭学習だけの生活でした。

親としては、手のかからない子供でした。私自身、大学を自活して入学し卒業しましたから、基本的に自分の人生開拓は自分の考えと努力でと日頃から子供達には伝えていました。

日曜日、祭日には、野球をしたりして遊びました。夏休みには宿泊して、海水浴に行ったり、各地の名所や旧跡を見る家族旅行も楽しみました。温泉に浸かり、親子が笑って背中の流しあいもしました。

大学受験に合格すると、親子で下宿先をさがしました。どれも、今となっては懐かしい想い出になっています。

結婚についても、妻との出会い、新婚生活での想い出もあります。六畳一間の二階建の木造アパート、使用できるのは一室のみで、トイレと炊事は共同利用でした。

私が大学生活を初めた時の下宿と全く同じ状態のアパートでした。経済的余裕がなかったからでした。

それでも二人は不平や不満なく、これから二人で新しい人生を開いていくのだと希望にもえていました。

貧相な状態の新婚スタートでしたが、共に懸命に働き、定年退職時には、小さなアパートを経営し、二階建の自宅を新築、別に二ヵ所の土地を購入し家を建て貸し出しをしているようになりました。

毎日、配達される三面記事に、万引き・窃盗さらに殺害などの報道がされています。

その中に、住所不定・無職の人が多く、さらに罪をおかされているのを知るにつれ、残念に思います。同じ人生です。

さわやかに、希望をもって人生開拓がなされていたら、犯罪をおかすことをせずに人生がおくれただろうと考えると、なんだか一人の人間同士として、私は悲しくなります。

人生開拓において、目標や努力内容など、想いえがく程度の大きさに応じて、現実の結果が生まれると、私なりに現在、考えています。

人生の総結果において、驚くほど良い結果を出される人は、その大きな結果に相応するたゆまぬ努力を続けられています。尊敬します。

大いなる結果をうらやましいとか、ねたましいと思っては、人間失格です。

私は、人生の最終コーナーを歩んでいます。

私なりの人生設計・人生結果について、私なりに納得しています。私の人生街道に合ったたいくつかの喜怒哀楽は、全て良い想い出になり、なつかしいです。

人生の終末に近づくに連れ、悲しいこと、喜ばしいこと、何もかも良い想い出になっています。

私なりに人生を生きてきたとする満足感があります。

46　それなりに　苦労のりこえ　今がある

人生行路には、誰にでも種類と程度の差はあっても苦労はつきもので、さけられません。

一般に、「人生は四苦八苦あり」と言われています。私たちの周辺は、いつも苦悩がとりまいています。

例えば、病気・老化・死亡などは八苦の代表的なものです。

私は誕生以来、中学時代の初期は病気で幾度も死線をさまよいました。義務教育の留年もありました。人生の第一期に、「病苦」で苦しい思いをしました。

第二期は、貧困で苦学生でした。数多くの善意ある人達に助けられ、浪人と留年もなく、大学を卒業できました。

学業と生活費、学費を得るために、大学の授業を終了すると、連日、深夜までアルバイトで走りまわりました。

奨学資金の利用もすすめられましたが辞退しました。

理由は社会勉強と、自分の自活力を高めるために働いて費用を得る方法を選んだのです。

体が弱く働けない方で、向学心が旺盛な方に奨学資金を活用していただきたい気持ちもありました。

学生時代に稼いだお金を預金しました。結婚資金と、結婚後の当面の生活資金を残して結婚する時に、両親にお願いして、預金通帳の残金を、親に受け取ってもらいました。

「体の弱い大病を繰り返す私を慈愛ぶかく健康体にして、大学を卒業させ、結婚までお世話になってきました」ことを感謝しての贈呈でした。親も老につれ、収入も減り、逆に支出も増えるので、少しは資金を親の手もとにおいてほしかったのです。

幾度も、両親から辞退されましたが、最後は、快く受けとってもらえました。私は嬉しく、気持ちよく新婚生活をスタートできました。

結婚後も貧困とのたたかいでしたが、充実感がありました。妻は二人の子供を慈愛いっぱいで育て上げてくれました。私としては、妻に、感謝・感謝・の気持ちです。

八十年を超える私の人生行路は、それなりに苦労はありましたが、今となっては、なつかしく、ありがたい想い出です。

苦労がそれなりにあってこそ、今の私の人生がなりたっていると実感して、「ありがとう」という気持です。

苦労は人を育てる力があります。病苦により健康のありがたさが身に染みて理解できます。健康を維持し増進しようと努力します。

貧困に苦しむと、お金とか物の大切さがわかります。労働意欲が高まります。

私は今となっては、ありがたい体験をしました。人生学習の機会を若い時に大自然が私にあたえてくれたように思います。

八十三歳の今も、健康に恵まれ、労働意欲もあります。今でも少しぐらいは自己実現と社会貢献の可能性が伸び育ちそうです。

47　与生いき　社会貢献　少しでも

長い間、今では名前さえ記憶さえない数多くの人達をふくめ、無限に近い人たちから大小さまざまの支援、恩恵を受けて、今まで私は生きてこられました。

大自然の恵みある食べ物にもお世話になり続けています。一日中、途切れることなく空気を呼吸させてもらっています。「空気さん。ありがとう」です。

思いかえしてみると、私たちは生涯いつも四方八方から、お世話になっているのが現実です。

そこで、老いた今だからこそ、これまで以上に、私なりにできうる社会貢献を、少しでも多くしたいと切に感じています。

日本は天災が多くあります。地震・津波・風水害など数多くあります。毎年、多数の人達がその被害に苦しんでおられます。災害ボランティアに参加したい気も当然ありますが、高齢のため、ボランティア活動中に、被災地で、私が病気になり倒れたら、かえって皆さんに迷惑になりますので、被災地に少額の金銭を送らせてもらう程度でお許しを願っています。私が日常生活で心がけていることは、「笑顔で、優しい言葉づかい」です。「あなたと話をしていると、なんだか気分がリラックスして、さわやかな心になります」と、会話中に突然言われたことがあります。「今朝から、いらついて気分が悪かったのですが、すっきりしてきました。ありがとうございました」と笑顔で話されたのです。

高齢者のなかに、いつも不機嫌で、きびしい顔つき、他者を批判し、不平や不満の話題をあちらこちらで発する方がいます。聞き役の人はいやになり、その場を離れようとすると、追いかけて不平と不満を連発される人がいます。

老いたら、特に、さわやかに生き、笑顔とやさしい言葉づかいをしたいものです。

笑顔とやさしい言葉づかいで、周辺の人達を、さわやかにして、幸せをあじわっていただくのも一つの誰にでもできそうな社会貢献だと私は日頃から考えています。

与生も、笑顔と優しい老人に徹して、幸せな人生を、他者とともにおくりたいと考えています。

体力があったり、裕福な老人でなくとも、私なりに実行できると考えています。

他者に幸せのもとになれる老人に一歩でも近づきたい現在の心境です。

私はこの世に生を受けて、高齢になった今まで、社会生活のなかで無限の人たちからお世話になってきました。今日もまた朝から数多くの人からお世話になっています。ありがたいことです。

私が可能なことで、何が社会にお返しができるかを今日の生活で考えて生きたいものです。老いの幸せの一つは社会貢献を考えて生きることかもしれません。

48　気持ちよく　涅槃の世界　旅だちす

「涅槃」をねはんと読み、釈尊がすべての煩悩を無くし、高い悟りの境地に達して死亡したことを意味します。

「煩悩」は一切の欲望・執着・怒り・ねたみなど精神の安静のじゃまになるものを指します。

従って、釈尊すなわちお釈迦さまは、死の時に、一切の煩悩をたちきって、高い悟りの境地に達していたと伝えられています。

特に、高遠なお釈迦さまの世界に達することを追い求めているわけではありませんが、不思議なことに、一年ごとに老いが進行するにつれて、自然のうちに、欲望・執着・怒りや妬みなどの煩悩に悩まされる度合いが弱くなってきている自分に気がつきます。

我欲を強くして、財を築いてみても、あの世に持っていけるものでもありません。

世の中にも、老いてなお欲深く生活される方もありますが、私には、その気になれません。

心やすらかに、青空の下、鳥のさえずりを耳で楽しみ、道端の草花に美しさをみいだし、愛犬と散歩をするような心境で生活をしたいのです。

毎日が貧しくとも、体力がおとろえても、この世の与生を楽しみたいものです。

「ありがとう」「ありがとう」の心と言葉を大切にして老いの人生をあじわいたいと思って、毎日の生活を楽しんでいます。

私は若いころから欲望に振り回されることが少なかったように感じています。もう少し欲を強くもつべきと反省した時期もありましたが、今となってはこれで良かったと思っています。

人生の最終時期になっても強欲の奴隷となり、社会に迷惑をかけ、本人も苦しんでおられる方もあります。

老いたら、さわやかさを増大して生きたいと願っています。

おわりに

私が小学生の頃は、「人生五十年」と親や大人たちは言っていました。超未熟児で誕生し、大病を重ね義務教育を留年した私が、八十歳を超え、元気に生活を楽しんでおれるのは、無限の多方面の支援によるものと深く感謝しています。

私の二人の息子は、医師になり、大手製薬会社の社員になりました。ふたりとも医療界を志望した一つの理由は、父親が子供の頃、医療にお世話になったので、子供達が父親の恩返しの一端をはたしたいという発想からでした。父親の恩返しの気持ちを持ってくれた子供達に涙しました。いつも感謝しています。

私自身も、社会全体から有限、無限のお世話になってきた結果、今の幸せがあります。私も微力ながら、長年にわたり、お世話になっている社会にお返しの真似ごとをしています。無料による電話教育相談・刑務所の篤志面接委員・在住津市内の外国人の日本語指導・国内外の各種の募金・地球上の人々の幸せ祈願の毎日のミニお遍路など、さまざまです。

人間は誰でも、一人では生きられません。助けあい、支えあって、共に幸への道をあゆめます。家庭内・職場内・学校など、すべての生活の舞台で協力しあい幸せな生活をしたいものです。

現代社会は、高齢化が急速にすすんでいます。「人生百年」も夢でなさそうだと、ささやかれはじめました。私も、さわやかで幸せな、一人の高齢者として生き続けたいと願っています。高齢になると、若い頃には、想定しえなかった人生風景、人生観、社会人としての発想などが見えてきます。

本書は、八十代に突入した私が、日常生活で日頃から感じる『老人の心境』を四十八話としてまとめました。

現在、高齢者の生活をされている方、すべての人がいつかは高齢期をむかえます。共に、高齢期の人生を考える一つの資料、参考にしていただけることがあれば、著者として、大変幸せです。

合掌

宇佐美 覚了

■著者プロフィール

宇佐美 覚了（うさみ かくりょう）

一九三七年に三重県に生まれる。南山大学文学部（現・外国語学部）卒業。

現在、作家・社会教育家・講演会講師。

大学卒業後は海外貿易業務に従事。海外貿易で仕事中に資源の少ない日本にとって、人材育成の重要性を痛感して教育分野の活動をはじめた。

長年にわたり、学校教育・家庭教育・社会教育と広範囲な活動を積極的に継続している。

この間に奈良の内観研修所の故吉本伊信師より、懺悔と感謝の法「内観」の教えをうけた。

さらに三重の妙蓮院専光坊の霊雲軒秀慧老師様より「仏法」の指導をうけた。

高校と大学時代は「キリスト教」の教えを受けた。いずれも得難い指導で私の人生を大きく向上させていただく原動力になっている。

他にも、家庭・学校・社会で数えきれない慈愛深い人達から、有形無形の支援や教示をうけてきました。ふりかえってみると感謝の連続でした。

今、高齢になった毎日は、少しでも社会に恩がえしをしたく、私なりに積極的に自己実現と社会貢献をしたいと念じて楽しく幸せな生活をしています。

教育学博士・社会文化功労賞をうける。

◎社会奉仕活動

・無料による電話教育相談と電話幸福実現相談。
・刑務所の受刑者の皆さまの、社会復帰と更生のお手伝いをする篤志面接委員。
・三重県津市に在住されている外国人の皆さんの日本語習得のお手伝い。
・その他、各種のボランティア活動。

◎著書

『子育ては心育てから』（KTC中央出版）
『あなたのライフワークの見つけ方』（明日香出版社）
『この一言で子どもがグングン伸びる』（海越出版）
『三快ビジネス人生のすすめ』（総合ライフ出版）
『母親の家庭内教育法』（産心社）
『子育て成功五〇の方法』（KTC中央出版）
『定年！　第二青春時代』（彩雲出版）
『おしえて！　電話先生!!』（クリタ舎）
『今日も！　幸せありがとう』（浪速社）
『老いても人生花ざかり』（電子書籍版も有ります）（浪速社）

他多数

◎私の日常生活の基本姿勢

明るい希望の社会実現は皆の願い。
実現のために少しでも貢献できれば私は幸せだと考えて、
心身ともに健康で人生を充実し楽しみたい。

■妙蓮院専光坊の連絡先

〒511-0115
三重県桑名市多度町南之郷三八三
電話：0594-48-2178
FAX：0594-48-6335

■講演やセミナー講師の依頼先

〒514-0041
三重県津市八町二丁目三番二三号
宇佐美 覚了（うさみ かくりょう）
電　話：059-227-0803
携帯電話：090-1410-3597

老《お》いの生《い》き方《かた》楽《たの》しみ方《かた》48話《わ》
——至福老境実現《しふくろうきょうじつげん》ヒント集《しゅう》

二〇一九年五月十八日　初版第一刷発行

著者
宇佐美　覚了

発行者
杉田宗詞

発行所
図書出版　浪速社
〒540-0037
大阪市中央区内平野町二-二-七-五〇二
電　話〇六（六九四二）五〇三二
FAX〇六（六九四三）一三四六

印刷・製本
亜細亜印刷㈱

Printed in japan　ISBN978-4-88854-519-8